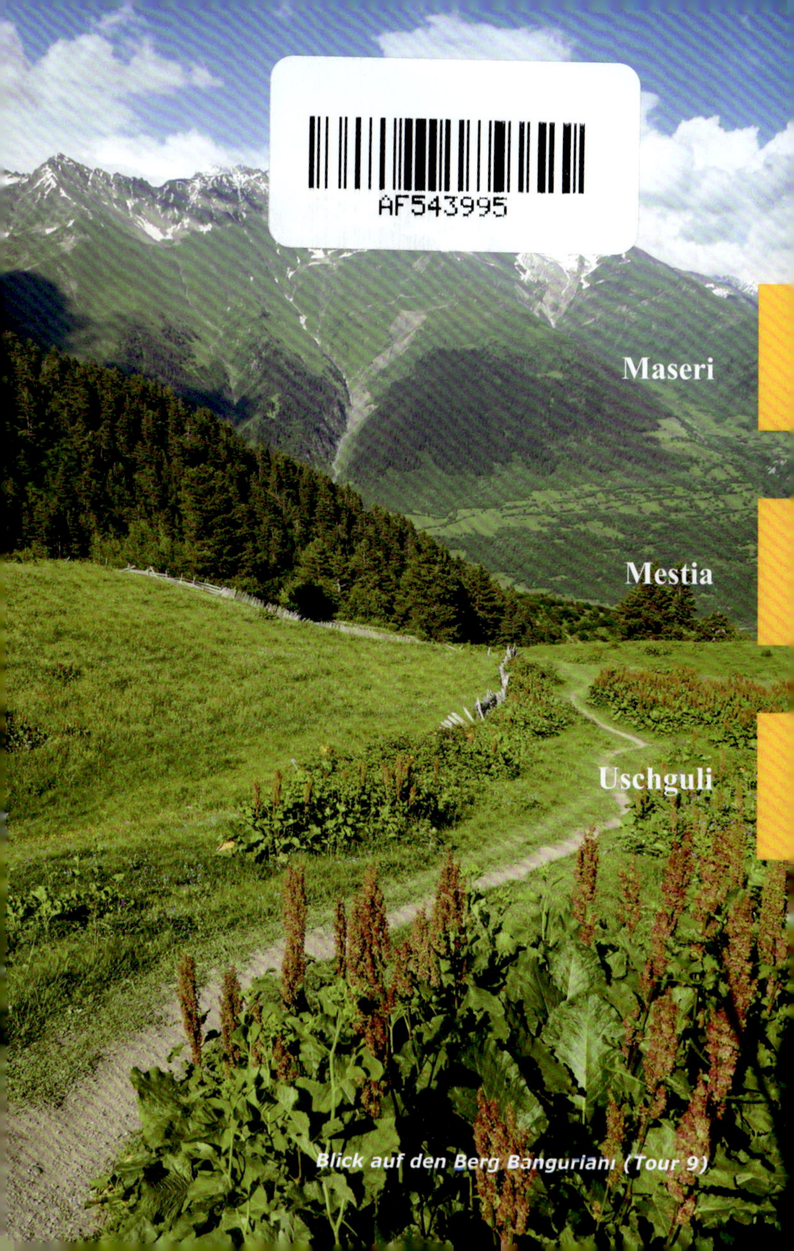

Blick auf den Berg Banguriani (Tour 9)

Georgien

Alle Informationen, schriftlich und zeichnerisch, wurden nach bestem Wissen zusammengestellt und überprüft. Sie waren korrekt zum Zeitpunkt der Recherche. Eine Garantie für den Inhalt, z. B. die immerwährende Richtigkeit von Preisen, Adressen, Telefon- und Faxnummern sowie Internetadressen, Zeit- und sonstigen Angaben, kann naturgemäß von Verlag und Autor – auch im Sinne der Produkthaftung – nicht übernommen werden.

Der Autor und der Verlag sind für Lesertipps und Verbesserungen (besonders per E-Mail) unter Angabe der Auflagen- und Seitennummer dankbar.

Dieses OutdoorHandbuch hat 160 Seiten mit 57 farbigen Abbildungen, 26 farbigen Kartenskizzen im Maßstab 1:25.000/1:50.000/1:75.000 sowie 21 farbigen Höhenprofilen und einer farbigen, ausklappbaren Übersichtskarte. Es wurde auf chlorfrei gebleichtem, FSC®-zertifiziertem Papier gedruckt, in Deutschland klimaneutral hergestellt und transportiert und wegen der größeren Strapazierfähigkeit mit PUR-Kleber gebunden.

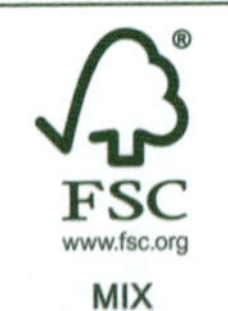

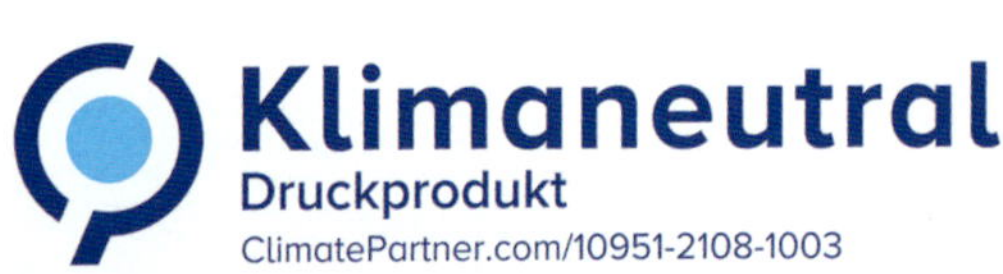

Dieses Buch ist im Buchhandel und in Outdoor-Läden erhältlich und kann im Internet oder direkt beim Verlag bestellt werden.

OutdoorHandbuch aus der Reihe „Regional", Band 429

ISBN 978-3-86686-568-6 1. Auflage 2021

Text; Jens Jäger
Fotos: Jens Jäger, Antje Stockkamp (as), Martin Debes (md), Kai Pöhlmann (kp)
Karten: Dieter Großelohmann
Lektorat: Anna-Lena Ebner
Layout: Ricarda Kuschma

Gesamtherstellung: gutenberg beuys feindruckerei

Dieses OutdoorHandbuch wurde konzipiert und redaktionell erstellt vom:

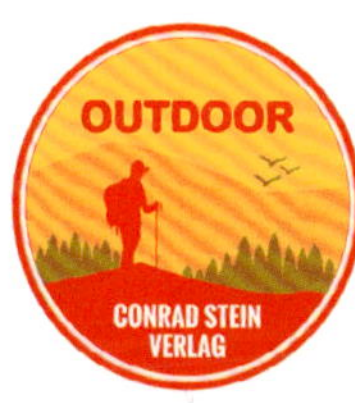

Conrad Stein Verlag GmbH, Kiefernstr. 6, 59514 Welver,
☎ 023 84/96 39 12,
info@conrad-stein-verlag.de,
www.conrad-stein-verlag.de

Besuchen Sie uns bei Facebook & Instagram:

www.facebook.com/outdoorverlag

www.instagram.com/outdoorverlag

Titelfoto: Der Doppelgipfel des Uschba beim Aufstieg zum Guli-Pass (Tour 11)

Inhalt

☺ Eine **Übersichtskarte** der Touren, **Autorenprofil** sowie eine Liste aller in diesem Buch verwendeten **Symbole** finden Sie auf den vorderen und hinteren Umschlagseiten bzw. -klappen.

Einleitung

Georgien ist ein Paradies für Bergwanderer. Fast die gesamte Republik wird von Gebirgen und seinen Ausläufern bedeckt. Im Norden säumt der Große Kaukasus das Land, im Süden erheben sich die Berge des Kleinen Kaukasus und die dazwischen liegenden Flachlandgebiete trennt das Lichi-Gebirge. Dazu ist der georgische Kaukasus so leicht und schnell wie kein zweites außereuropäisches Hochgebirge zu erreichen. Und seit den Reformen Mitte der 2000er-Jahre ist Georgien ein völlig sicheres Reiseland.

Naturgemäß befinden sich die spektakulärsten Berglandschaften im zentralen Teil des Großen Kaukasus, wo sich der Hauptkamm am höchsten und steilsten auffaltet. Direkt südlich von diesen Bergriesen, von denen einige die 5.000-Meter-Marke überschreiten, liegt die historische Landesprovinz Swanetien.

Der vorliegende Band der Reihe „Outdoor Regional" umfasst eine Auswahl der schönsten Wanderungen, die in dieser Bergregion von festen Unterkünften aus unternommen werden können. Dabei bleiben die hohen Gletscherberge immer nur schöne Kulisse. Die Wanderungen selbst führen auf alten Reit- und Jagdwegen durch eine unfassbar üppige Flora, die von dem vergleichsweise milden Klima begünstigt wird. Die meisten Wege sind gut markiert.

Während diese grandiose Bergwelt heute Besucher anlockt, haben die Berge in der Geschichte Swanetiens für eine weitgehende Abschottung gesorgt. Dazu kam der ausgeprägte Freiheitswille der Swanen. Sie widersetzten sich über Jahrhunderte den wechselnden Machtansprüchen benachbarter und im Innern aufstrebender Feudalherren und ein Teil der Provinz, bis heute als „Freies Swanetien" bekannt, konnte seine Unabhängigkeit sogar dauerhaft behaupten. Diese wurde erst beendet, als sich Ende des 19. Jh. mit den Russen erstmals fremde Invasoren festsetzten.

In der Folge dieser weitgehend isolierten Entwicklung hat sich in Swanetien über lange Zeiträume viel Altes bewahren können und eine ganz eigene bäuerliche Kultur entwickelt. Zu dieser gehören eine ausgeprägte, sehr archaische Volksfrömmigkeit, einmalige, in kleinsten Kirchen verwahrte sakrale Kunstschätze, viele über Jahrhunderte unverfälschte Traditionen und eine reiche Folklore mit polyphonen Heldenliedern, mythischen Ringtänzen, Sagen und Märchen. Somit verbindet sich eine überwältigend schöne Natur mit einem einzigartigen kulturellen Erbe und macht Swanetien zu einer der beeindruckendsten Gegenden überhaupt.

Dabei gliedert sich die Hochgebirgsregion geografisch und historisch noch einmal in mehrere Teile. Oberswanetien erstreckt sich im Hochtal des Flusses

Enguri zwischen den Bergen des zentralen Kaukasushauptkammes im Norden und denen der Swanischen Kette im Süden, wo sich im Weiteren Niederswanetien anschließt. Oberswanetien selbst teilt sich wiederum in einen westlichen und einen östlichen Teil, von denen Letzterer das früher so genannte Freie Swanetien ist. Die Landschaft dieses Teils ist zugleich die eindrucksvollste. Hier finden sich neben den höchsten und wildesten Bergen auch die meisten der berühmten swanischen mittelalterlichen Wehrtürme. Sie zeugen vom Kampfesmut und Freiheitswillen der Swanen und lassen manche Dörfer wie große ritterliche Freilichtmuseen erscheinen.

Wegen der vielen lohnenden Wanderziele, und weil es die vergleichsweise große Zahl an Dörfern erlaubt, die Wanderungen von festen Unterkünften aus zu unternehmen, wurde sich bei der Tourenauswahl weitestgehend auf dieses Gebiet beschränkt. Die beschriebenen Touren reichen von Tagesausflügen zu Gletscherzungen, Seen, Kirchen oder auf kleinere Gipfel bis zu Wanderungen, die über aussichtsreiche Pässe von einem zum anderen Dorf in das Nachbartal führen. Dabei lassen sich einige Wanderungen ideal zu Mehrtagesrouten kombinieren.

Dank gezielter staatlicher Förderung verbessert sich die touristische Infrastruktur ständig. Die Entwicklung läuft aber wie in ganz Georgien auch in Swanetien sehr asymmetrisch. In Mestia, dem Gebietszentrum Oberswanetiens, sorgen moderne Errungenschaften wie der kleine Flughafen, zwei Skigebiete, eine Menge Restaurants und Unterkünfte aller Preisklassen dafür, dass einiger Touristentrubel herrschen kann. Schon in den Nachbardörfern beschränkt sich das touristische Angebot dagegen auf eine Art Urform des Agrotourismus. Hier bieten viele Bauernfamilien einfachste Unterbringung für Touristen an, bei der die wirklich leckere Versorgung mit regionaler Hausmannskost den etwas fehlenden Komfort ausgleicht.

Die Swanen gelten in Georgien als etwas distanziert und starrköpfig. Unterwegs auf Ihren Wanderungen und vor allem bei Ihren Wirtsfamilien werden Sie aber schnell merken, dass diese den anderen für ihre Gastfreundschaft geradezu berühmten Georgiern in Aufgeschlossenheit und Herzlichkeit nicht nachstehen. Ihren Wanderurlaub werden Sie ganz sicher für immer in guter Erinnerung behalten!

Zur Schreibweise im Buch

Um die Aussprache zu erleichtern, wurden die im Buch vorkommenden georgischen und swanischen Eigennamen und Begriffe populärwissenschaftlich transkribiert. Damit können Sie mit geringen Abstrichen an den originalsprachlichen Lautklang wie normale deutsche Wörter gelesen werden. Zur Aussprache der verwendeten besonderen Lautzeichen *gh*, *sh* und *q* finden Sie Infos im Kapitel ☞ Georgisches Alphabet, S. 23.

In Swanetien bilden die in ein und demselben Tal gelegenen Siedlungen oft eine zusammengehörige Großgemeinde. Entsprechend gibt es dann zu den Namen der Einzelsiedlungen immer auch noch einen übergeordneten für die ganze Talschaft. Das kann für Verwirrung bei der Ortsangabe führen. Hier im Buch werden die Einzelsiedlungen als Dorf oder Ortsteil und die Talschaften als Gemeinde oder Großgemeinde bezeichnet. Dabei werden alle swanischen Siedlungsnamen in ihrer offiziellen georgischen Schreibweise wiedergegeben, also z. B. georgisch Adischi anstatt swanisch Hädiesch.

Danksagung

Das Buch ist nur dank der Mithilfe und Unterstützung vieler Menschen zustande gekommen, die sich von meiner Begeisterung für Land und Leute haben anstecken lassen oder diese sogar noch gemehrt haben. Besondere Erwähnung verdienen dabei Gia, Maia und Nino Awaliani, Richard Bærug, Sandro Buchashvili, Salome Chardsiani, Michail Chergiani (Junior), Reso Chodshelani, Michael Eichler, Prof. Heinz Fähnrich, Henriette Lemnitz, Dr. Merab Gegutschadse, Dato Giglebiani und Irina Tamliani, Dr. Giorgi Gortamaschwili, Markus Götze, Giorgi Gudelani, Nora Kaldani, Prof. Ketewan Margiani-Subari, Dr. Viktor Mandryka, Goga Muschkudiani, Dato Ratiani aus Mestia, Lali Schildadse, Torsten Schmidt, Prof. Rusudan Sekalaschwili, Aluda und Onise Tscharkseliani, Lewan Tschekurischwili sowie Johanna Zehendner. Außerdem danke ich meinen Wandergefährten Henrik Förster, Tschabuki Kaldani, Thomas Koch, Murman Pardshiani, Kai Pöhlmann, Jörg Watzek sowie Antje Stockkamp und ganz besonders dem Verlagsteam für Lektorat und Buchgestaltung. Das Buch ist meinem Onkel Horsti zum 80. Geburtstag gewidmet.

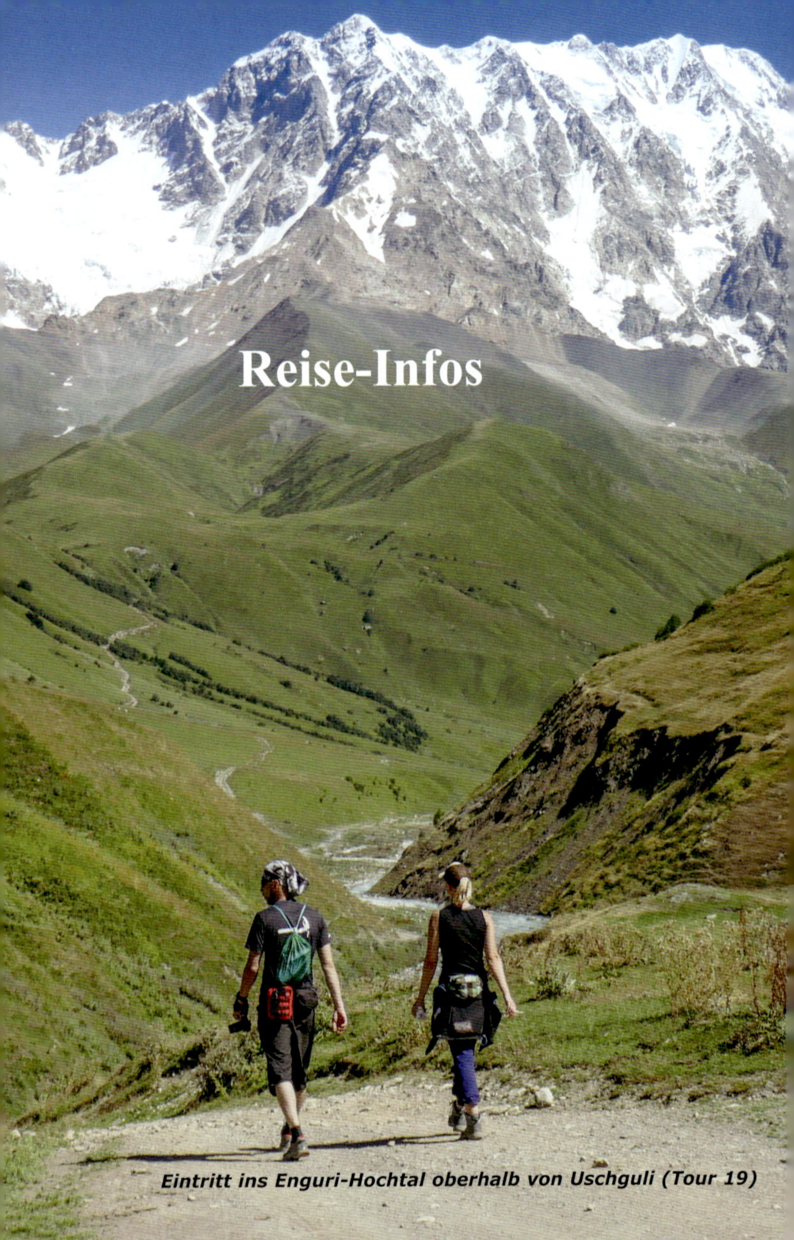

Reise-Infos

Eintritt ins Enguri-Hochtal oberhalb von Uschguli (Tour 19)

Anreise

Georgien ist ein kleines Land und so ist auch der georgische Kaukasus in kurzer Zeit von einem der insgesamt drei internationalen Flughäfen des Landes (Tbilisi, Kutaisi und Batumi) zu erreichen. Für die Regionen Swanetien ist die Anreise mit einem Flug nach Kutaisi verkehrstechnisch am günstigsten. Möchten Sie außer Swanetien noch andere Regionen in Georgien besuchen oder sich vor bzw. nach Ihrem Wanderurlaub die Hauptstadt ansehen, können Sie auch einen Flug nach Tbilisi in Betracht ziehen.

Von Westeuropa fliegen mehrere Fluggesellschaften direkt nach Georgien.

- ▷ Georgian Airways, www.georgian-airways.com (Berlin – Tbilisi, Wien – Tbilisi)
- ▷ Deutsche Lufthansa, www.lufthansa.com (München – Tbilisi)
- ▷ WIZZ Air, www.wizzair.com (Berlin/Dortmund/Memmingen – Kutaisi)

Weitere Fluggesellschaften erreichen Georgien mit Umsteigestopp in ihren Heimatflughäfen, z. B.:

- ▷ Air Baltic, www.airbaltic.com (Umstieg in Riga)
- ▷ LOT Airlines, www.lot.com (Umstieg in Warschau)
- ▷ Turkish Airlines, https://turkishairlines.com (Umstieg in Istanbul)

Die Weiterreise von den Städten Kutaisi und Tbilisi nach Swanetien ist in beiden Fällen einfach. Die wichtigsten Verkehrsmittel für Touristen sind Marschrutka und Taxi. Außerdem gibt es die Möglichkeit für Inlandflüge und schließlich ist auch ein Mietwagen eine Option.

Marschrutka

Das meist genutzte öffentliche Verkehrsmittel in Georgien und auch eine für Touristen sehr bequeme Reisemöglichkeit sind die Marschrutka genannten Minibusse, die als Linientaxis überall im Land auf festen Routen verkehren. Es gibt Stadt- und Überlandlinien. Die verschiedenen Linien starten und enden an Busbahnhöfen und unterwegs zwischen Start- und Endpunkt kann man überall aus- und zusteigen. Zum Aussteigen geben Sie dem Fahrer Bescheid (აქ გააჩერეთ! *ak gaatscheret*! – Halten Sie hier!) und zum Zusteigen winken Sie der heranfahrenden Marschrutka einfach irgendwo auf ihrer Route an der Straße zu

Bei langen Fahrstrecken gibt es morgens am Startort eine feste Abfahrtzeit für die erste Marschrutka und weitere Marschrutkas fahren dann nach Bedarf, d. h., wenn ausreichend viele Passagiere zusammenkommen.

☺ Kommen Sie am besten schon einmal am Vorabend Ihrer Weiterreise zum Busbahnhof und kaufen Sie die Tickets für die erste Marschrutka vorab! Wenn Sie dazu keine Zeit haben, seien Sie am Tag Ihrer Weitereise mindestens eine halbe Stunde vor Abfahrt am Busbahnhof!

Marschrutka-Haltestellen mit Abfahrtszeiten

Wo und wann Marschrutkas in Kutaisi und Tbilisi nach Swanetien abfahren, finden Sie hier im Folgenden. Zentraler Zielort in Swanetien ist Mestia. Auf der Fahrt hierher können Sie sich auch in Ezeri oder Maseri (Betscho) absetzen lassen. Nach Uschguli fahren ab Mestia Sammeltaxis, ☞ Verkehrsmittel.

Kutaisi

Der **Hauptbusbahnhof** von Kutaisi befindet sich 3 km südwestlich des Stadtzentrums auf dem Tschawtschawadsis Gamsiri 67 (Tschawtschawadse-Prospekt). Kassenschalter und Bussteige befinden sich hinter dem McDonalds-Restaurant, das man bei der Ankunft rechts an der Straße sieht. Vom Stadtzentrum zum Busbahnhof fährt die innerstädtische Marschrutka-Linie Nr. 1, die Sie stadtauswärts z. B. ein Stück nach der Rustaweli-Brücke anhalten können (Fahrpreis GEL 0,50). Ein Taxi vom Zentrum zum Busbahnhof kostet GEL 5. Als Fahrziel nennen Sie den Tschawtschawadse-Busbahnhof (ჭავჭავაძის ავტოსადგური *tschawtschawadsis awtosadguri*).

Von hier fährt täglich um 9:00 eine Marschrutka nach Mestia. Die Fahrzeit beträgt 5 Std. Das Ticket kostet GEL 25.

Tbilisi

In Tbilisi gibt es mehrere Busbahnhöfe, von denen jeweils Marschrutkas in verschiedene Landesteile abfahren. Nach Swanetien gibt es dabei nur eine Direktverbindung. Von der **Busstation am Hauptbahnhof** fährt einmal täglich, um 7:00, eine Marschrutka nach Mestia. Das Ticket kostet GEL 30. Die Fahrt dauert lange 9 Std.

Die Bussteige befinden sich auf dem Vorplatz des großen Bahnhofsgebäudes. Den Hauptbahnhof erreichen Sie mit der Metro. Für die Benutzung der Metro kaufen Sie sich am Schalter der Metrostation eine Metromoney-Karte mit entsprechendem Guthaben. Eine Fahrt kostet GEL 0,50.

Inlandflüge

In Mestia, dem Gebietszentrum von Oberswanetien, gibt es ein neues kleines Flugfeld, sodass die Bergregion auch mit dem Flugzeug erreichbar ist. Abflugorte der Kleinflugzeuge sind Tbilisi und Kutaisi. Beim Landeanflug in Mestia bieten sich spektakuläre Ausblicke auf die Berge des Kaukasus. Allerdings werden die Flüge bei schlechtem Wetter ersatzlos gestrichen, sodass man für diesen Fall immer einen Reservetag einplanen muss.

Die Inlandflüge werden von Vanilla Sky durchgeführt. Ein einfaches Ticket nach Mestia kostet ab Kutaisi GEL 50 und ab Tbilisi GEL 90.

💻 www.vanillasky.ge

Mietwagen

Sie können auch mit einem Mietwagen nach Swanetien fahren. Die Landstraße Sch 7 ist bis Mestia asphaltiert und befindet sich in einem guten Zustand. Die Straße wird aktuell auch weiter Richtung Uschguli ausgebaut, ist aber erst bis Kala fertiggestellt. Zur Anreise nach Mestia reicht also ein normaler Personenwagen.

Abseits dieser ausgebauten Hauptstraße sind die Fahrpisten allerdings oft sehr schlecht und zum Teil auch gefährlich, sodass Sie ein Allradauto und zum Fahren unbedingt die entsprechende Offroaderfahrung benötigen. Da die Kosten für einen Geländewagen aber auch in Georgien sehr hoch sind, lohnt sich das Mieten nicht wirklich. Vor Ort in Swanetien können Sie mit einem Allradtaxi preiswerter zum Ausgangspunkt Ihrer Wanderungen gelangen und selbst die Anreise mit einem Taxi von Kutaisi nach Mestia kostet weniger als der Tagessatz für ein gemietetes Allradauto.

Die Anreise mit Mietwagen lohnt sich deshalb eigentlich nur, wenn Sie mit diesem sowieso auf einer Rundreise durch Georgien unterwegs sind und dabei einen Abstecher nach Swanetien unternehmen. Die bekannten internationalen Mietwagenagenturen wie Avis, Hertz und Europcar sind in den großen Städten Tbilisi, Kutaisi und Batumi vertreten.

💻 www.avis.de, www.hertz.de, www.europcar.de

Ausrüstung

Bei den Wanderungen bewegen Sie sich in Höhen zwischen 1.400 m und 3.000 m. Die Wege folgen meist gut ausgetretenen Pfaden in alpiner Landschaft. Entsprechend reicht eine normale hochgebirgstaugliche Wanderausrüstung, wie sie auch in den höheren Alpenregionen gängig ist. Gletscherausrüstung ist nicht notwendig. Trekkingstöcke sind wegen des oft steilen Geländes sehr zu empfehlen. Ein GPS-Gerät bringt Sicherheit bei der Orientierung.

Für Tageswanderungen von festen Standorten aus reicht ein kleiner 20- bis 30-Liter-Rucksack. Da es unterwegs auf den Wanderungen nur im Ausnahmefall Einkehrmöglichkeiten gibt und diese keine festen Öffnungszeiten haben, müssen Sie immer Verpflegung einpacken. Am einfachsten lassen Sie sich dazu von Ihrer Wirtsfamilie ein Lunchpaket vorbereiten. Möchten Sie vermeiden, dass dafür viele Plastiktüten verwendet werden, können Sie eine Brotbüchse von zu Hause mitbringen. In jedem Fall sollten Sie eine 1,5-Liter-Trinkflasche dabeihaben, die idealerweise auch für heißes Wasser geeignet ist. Dann können Sie sich direkt in der Flasche Tourentee machen lassen. Da es unterwegs in den Bergen viele Mineralquellen gibt, ist auch ein Trinkbecher zum Wasserschöpfen nützlich. Im Rucksack nicht fehlen sollten außerdem Notfallapotheke, Klopapier und bei anstrengenden Wanderungen ein Wechselshirt. Denken Sie außerdem an Regen-, Sonnen- und je nach Wanderung und Wetter auch an ausreichenden Kälteschutz.

☺ Bei Mehrtagesrouten von Dorf zu Dorf erweitert sich Ihr Wandergepäck natürlich erheblich, da Sie auch Wechselwäsche und alles für die Übernachtung dabeihaben sollten. Dafür brauchen Sie einen 40-Liter-Rucksack. Dabei gilt natürlich: umso leichter der Rucksack, umso mehr Spaß beim Wandern! Beschränken Sie sich also auf das Nötigste. In den Unterkünften können Sie auch waschen (mit Waschmaschine oder Handwäsche) und so bei der Wechselwäsche Gewicht sparen. In sehr einfachen Unterkünften gibt es nicht immer frische Bettwäsche. Deshalb ist es gut, wenn Sie einen Hüttenschlafsack dabeihaben. Nützlich ist außerdem eine Stirnlampe für den nächtlichen Toilettengang.

Einreise

Staatsbürger der EU und der Schweiz benötigen als Touristen kein Visum für Georgien. Sie bekommen bei Ein- und Ausreise einfach einen Stempel in den Reisepass und können sich dann bis zu einem Jahr in Georgien aufhalten. Der Reisepass muss bei der Einreise noch mindestens bis zum Zeitpunkt der Ausreise gültig sein.

Elektrizität

In Georgien besitzt das Stromnetz wie bei uns 220 V/50 Hz und in die Steckdosen passen alle gängigen Steckertypen. Sie benötigen also weder Steckdosenadapter noch Spannungswandler.

In den Unterkünften in Swanetien kann es vorkommen, dass es nur eine Steckdose im Zimmer gibt. Haben Sie mehrere elektrische Geräte, die Sie nachts aufladen wollen, ist die Mitnahme eines Verteilersteckers (Mehrfachsteckers) empfehlenswert. Auch ein Akkupack schafft Sicherheit in dieser Beziehung.

Essen & Trinken

Die Versorgung ist auf Ihren Wanderungen denkbar einfach. Sie essen in Ihrem Hotel bzw. Ihrer Pension Frühstück und Abendbrot und lassen sich für unterwegs ein Lunchpaket zubereiten. Insbesondere bei den einfachen Unterkünften, die Bauernfamilien in abgelegeneren Bergdörfern anbieten, haben Sie dabei gleich die Möglichkeit, die echte regionale Volksküche kennenzulernen. In den größeren

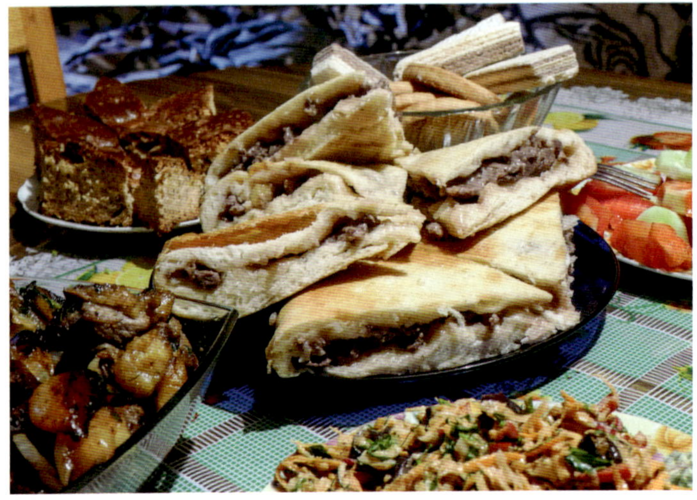

Die swanische Nationalspeise Kubdari

Touristenorten Mestia und Uschguli gibt es zudem auch Restaurants, in denen Sie zu Mittag oder Abendbrot essen können. In den anderen Orten ist das die Ausnahme und oft gibt es in den Restaurants, die trotz herzhaften Speiseangebots häufig Café heißen, tagsüber nur Kleinigkeiten oder sogar nur Getränke.

Georgien ist berühmt für seine gute Küche und neben vielen in ganz Georgien verbreiteten Gerichten gibt es in Swanetien auch ein paar ganz besondere Spezialitäten:

▷ **Kubdari** კუბდარი (swanisch: კუბდა̈რ *kubdähr*): Weißbrotfladen mit Fleischfüllung, gewürzt mit Swanischem Salz, Zwiebel und frischen Kräutern

▷ **Swanisches Salz** სვანური მარილი *swanuri marili* (swanisch: ლუშნუ ჯიმ *luschnu dshim*): geniale Gewürzsalzmischung für alle möglichen Speisen von Salaten bis zu Fleischgerichten. ☺ Das Salz ist ein beliebtes Mitbringsel (!), das Sie in Mestia und vielen Dörfern bei Ihren Gastgebern oder bei Omas in Kiosken kaufen können.

▷ **Taschmudschabi** თაშმუჯაბი (swanisch: თა̈შმეჯა̈ბ *täschmedshäb*): Kartoffelbrei mit geschmolzenem Käse verrührt

▷ **Tschwischtari** ჭვიშტარი (swanisch: ჭიშდჳ̂ა̈რ *tschischdwär*): Maisbrotfladen mit Käsefüllung

Eine weitere Besonderheit Swanetiens ist das reiche Vorkommen natürlicher Mineralquellen. Das kohlensaure Wasser (georgisch: მჟავე წყალი *mshave zqali*, swanisch: სგიმ *sgim*) können Sie bei Ihren Wanderungen einfach am Wegesrand probieren.

Geld & Währung

Landeswährung der Republik Georgien ist der Georgische Lari, abgekürzt mit GEL oder ლ, also dem georgischen Buchstaben für „L". Ein Lari teilt sich in 100 Tetri. Der Wechselkurs von Euro zu Lari betrug im August 2021 1:3,70 und von Schweizer Franken zu Lari 1:3,40.

Geld können Sie in Banken und Wechselstuben tauschen. Am einfachsten ist es aber, Lari nach Bedarf vom Geldautomaten abzuheben. Geldautomaten (ბანკომატი *bankomati*) gibt es in allen größeren Orten sowie direkt in der Ankunftshalle am Flughafen. In Swanetien gibt es nur in Mestia Bankautomaten! Für Barabhebungen werden Kreditkarten (Visa und MasterCard) und EC-Karten akzeptiert.

☺ Unterwegs in den Bergen sollten Sie ausreichend Bargeld dabeihaben und das in nicht zu großen Scheinen.

GPS-Daten

Die GPS-Tracks mit Wegpunkten der in diesem Buch beschriebenen Wanderungen sowie einige Points of Interest in den größeren Ausgangs- und Durchreiseorten, wie z. B. Haltestellen öffentlicher Verkehrsmittel, Bankautomaten, Filialen von Telefongesellschaften, Buchläden usw., können Sie auf der Homepage des Verlags unter 💻 www.conrad-stein-verlag.de herunterladen. Wenn Sie auf der Seite nach diesem Buch suchen, werden Sie unter dem Reiter „GPS-Tracks" einen Downloadlink finden. Nach dem Download finden Sie die Tracks als ZIP-Datei in Ihrem Download-Ordner und müssen diese nur noch mit einem Programm wie z. B. Winzip entpacken.

Karten & Reiseinformationen

Gedruckte Karten

Für die hier in diesem Buch beschriebenen Wanderungen haben Sie mit den gegebenen Informationen (Wegbeschreibungen, Übersichtskarten und GPS-Tracks) alles, was Sie für die Wegfindung benötigen. Zur vorbereitenden Tourenplanung zu Hause und um sich vor Ort einen besseren Überblick über die Wanderregion verschaffen zu können, kann trotzdem der Kauf einer gedruckten Karte sehr hilfreich sein. Folgende Karten gibt es:

▷ Georgian Caucasus Trekking Map 1:75.000, TerraQuest: 2019, ISBN 978-83-61155-67-6. Die praktische Faltkarte umfasst insgesamt drei Kartenausschnitte von folgenden Bergregionen des georgischen Kaukasus: Oberswanetien im Maßstab 1:75.000; Chewi, Chewsureti und Tuscheti im Maßstab 1:110.000; Kasbek-Bergmassiv im Maßstab 1:50.000. In der Karte sind die Wander- und Trekkingrouten eingezeichnet und sie bietet somit eine gute Übersicht zur Planung Ihres Wanderurlaubs.

▷ Geoland Trekking Maps 1:50.000, 2018: Der georgische Kartenverlag Geoland gibt die Wanderkarten mit dem größten Maßstab heraus. Die Reihe umfasst insgesamt 12 Karten. Die in diesem Buch beschriebenen Wanderungen in Oberswanetien werden von den Geoland-Karten Nr. 9 (Mestia, Ushguli, Choluri, ISBN: 978-99-41279-92-8) und Nr. 10 (Mt. Ushba, Mestia, ISBN: 978-99-41279-93-5) abgedeckt.

☹ Die Karten sind in Georgien nicht immer und überall erhältlich. Ganz sicher bekommt man nur die Karten von Geoland im eigenen Verkaufsbüro des Verlags in Tbilisi, Telegrapis Tschichi 3 (Telegrafengasse). Möchten Sie Karten kaufen, machen Sie das am besten schon vor Ihrer Reise über das Internet bei spezialisierten Kartenhändlern, wie 💻 www.mapfox.de oder 💻 www.das-landkartenhaus.de, oder probieren es bei Amazon.

☺ Die Kartenempfehlungen wurden von der Geobuchhandlung Kiel überprüft. 💻 www.geobuchhandlung.de

Digitale Karten

Die einfachste und sicherste Art der Wegfindung auf den Wanderungen ist die Track-Navigation mit einem GPS-Gerät. Generell reicht dazu eine grobe Basiskarte, wie sie jedes Navigationssystem kostenlos beinhaltet. Je nachdem welche Outdoor-

Navigations-App Sie für Ihr Smartphone benutzen bzw. von welchem Hersteller Ihr Outdoor-GPS-Gerät ist, stehen Ihnen zusätzlich unterschiedliche digitale Detailkarten zur Verfügung. Die sind dann oft nur online nutzbar oder kostenpflichtig. Im Internet finden Sie aber auch gute kostenlose Outdoorkarten, die auf Grundlage von OpenStreetMap-Daten erstellt werden. Im Folgenden finden Sie zwei solche Anbieter. Die digitalen Karten stehen auf den genannten Internetseiten nach Regionen geordnet zum Download bereit. Wählen Sie dort die Region Georgien.

▷ MTB and Hiking Map von Openmtbmap. Die Mountainbike- und Wanderkarte ist zur Verwendung auf Outdoor-GPS-Geräten (z. B. Garmin) geeignet. 💻 www.openmtbmap.org

▷ OpenAndroMaps bietet digitale Karten für Smartphones zum kostenlosen Download an, 💻 www.openandromaps.org. Diese Karte können Sie dann mit einer Outdoor-Navigations-App auf Ihrem Smartphone verwenden. Eine kostenlose Outdoor-Navigations-App ist z. B. Locus Map.

Reiseliteratur

Wenn Sie nach oder vor Ihrem Wanderurlaub in Swanetien noch andere Regionen in Georgien bereisen wollen, empfiehlt sich der Kauf eines allgemeinen Georgien-Reiseführers. Mittlerweile gibt es schon mehrere deutschsprachige Reiseführer. Unter ihnen bietet der umfangreichste Reiseführer zugleich auch die meisten praktischen Informationen für Individualtouristen.

▷ Nina Kramm: Georgien (Stefan Loose Travel Handbücher), DuMont Reiseverlag: Ostfildern 2019, ISBN 978-3-7701-7887-2

Kirchenbesichtigungen

In den Dörfern von Swanetien gibt es sehr viele kleine, alte Kirchen. Von außen eher unscheinbar überraschen sie innen oft mit wunderschönen Fresken und manchmal originalen Ikonen. Die meisten Kirchen sind allerdings verschlossen und es ist nicht immer leicht, für eine Besichtigung an den Schlüssel zu kommen. Fragen Sie am besten bei Ihrer Wirtsfamilie im Dorf. Mit etwas Glück hat sie Zugang zu dem gut behüteten Schlüssel.

Bei einigen der Wanderungen kommen Sie an kunsthistorisch besonders interessanten Kirchen vorbei. Für diese wird bei den Tourenbeschreibungen genannt, an wen Sie sich vor Ort für eine Besichtigung wenden können.

✋ Besichtigen Sie als Frau eine Kirche, vergessen Sie nicht, wie überall in Georgien üblich, Ihr Haar zu bedecken.

Kirchennamen

Für viele Kirchen in Swanetien gibt es georgisch- und englischsprachige Wegweiser und Informationstafeln. Die häufigsten Kirchennamen sind:

▷ მაცხოვრის ეკლესია *mazchowris eklesia* = Erlöserkirche
▷ მთავარანგელოზების ეკლესია *mtawarangelosebis eklesia* = Erzengelkirche
▷ ღვთისმშობლის მიძინების ეკლესია *ghwtismschoblis midsinebis eklesia* = Mariä-Himmelfahrt-Kirche
▷ წმინდა ბარბარეს ეკლესია *zminda barbares eklesia* = Kirche der hl. Barbara
▷ წმინდა გიორგის ეკლესია *zminda giorgis eklesia* = Kirche des hl. Georg

Klima und Reisezeit

Georgien gehört zum südlichen Teil der gemäßigten Klimazone. Aufgrund seines vielgestaltigen Reliefs und seiner Lage am Meer hat es aber unterschiedlichste mikroklimatische Bedingungen. Das Spektrum reicht von subtropischen Meeresstränden, mediterranem Tiefland und Mittelgebirgen über ausgedehnte Hochebenen mit kontinentalem Klima bis zu steppenartigen Gebieten und dem ewigen Eis des Hochgebirges.

Das südlich vom Großen Kaukasus gelegene Swanetien hat ebenfalls sein eigenes Mikroklima. Obwohl die vorgelagerten Gebirgsketten stattliche Höhen von über 3.000 m erreichen, überwindet ein Großteil der vom Schwarzen Meer abziehenden feuchtwarmen Luftmassen diese, bevor sie dann der Hauptkamm endgültig zurückhält. Infolge der erhöhten, insbesondere winterlichen Niederschläge und der damit verbundenen größeren Massenbilanz der Gletscher reicht deren Eis auf der Südseite des Kaukasushauptkammes viel tiefer in die Täler hinab, als die Exposition das eigentlich erwarten ließe. Gleichzeitig lässt das milde Klima die Landschaftshöhenstufen nach oben wandern, sodass im Sommer die üppigsten Gebirgswiesen direkt an das strahlende Gletschereis stoßen. Eine kontrastreichere Kulisse kann man sich als Wanderer nicht vorstellen.

Wandersaison ist in der Hochgebirgsregion Swanetien von Mitte Juni bis Anfang Oktober. Dabei ist Juni bis Anfang Juli die regenreichste Zeit, die aber mit einer großen Blütenpracht der Bergwiesen entschädigt. Im Hochsommer von Juli bis August regnet es generell weniger, aber es kommt öfters zu Gewittergüssen. Am stabilsten ist das Wetter im September. Dann ist auch fast überall die Heuernte im Gange.

Sicherheit, Gefahren & Permits

Schon zu Sowjetzeiten war Georgien ein beliebtes Touristenziel. Das endete allerdings abrupt mit der Unabhängigkeit Georgiens, den folgenden Sezessionskonflikten und einer relativ langen Zeit der politischen Instabilität des jungen Staates. Das abgelegene Swanetien entwickelte sich dabei aufgrund erhöhter Kriminalität sogar zu einer No-go-Zone für Touristen.

Doch daran erinnert heute nichts mehr. Seit der Mitte der 2000er-Jahre begonnenen Staatsreformen hat sich Georgien zu einem der weltweit sichersten Reiseländer entwickelt.

Trotzdem sollten Sie vor einer Reise immer eventuelle Reisewarnungen prüfen und dabei auch mögliche Krisensituationen in den bis heute abtrünnigen und von Russland kontrollierten Gebieten Abchasien und Samatschablo (Südossetien) im Blick haben.

💻 www.auswaertiges-amt.de

Im Norden von Swanetien verläuft die Staatsgrenze zur Russischen Föderation entlang des Kaukasushauptkamms. Diese Grenze wird wegen der gespannten Beziehungen zwischen Georgien und Russland von beiden Seiten streng bewacht und ein Übertritt ist an keiner Stelle erlaubt!

Für einen längeren Aufenthalt im unmittelbaren Grenzgebiet, z. B. wenn Zelttrekker oder Bergsteiger über Nacht bleiben wollen, ist einen Passierschein (საშვი *saschwi*) der georgischen Grenzpolizei (სასაზღვრო პოლიცია *sasasghwro polizia*) erforderlich. Von den hier in diesem Buch beschriebenen Wanderungen führen nur drei in das direkte Grenzgebiet. Da es sich dabei um Tagesausflüge handelt, brauchen Sie keinen Passierschein, sollten aber für mögliche Kontrollen durch die Grenzposten Ihren Reisepass dabeihaben. Genauere Hinweise dazu finden Sie bei den Tourenbeschreibungen dieser Wanderungen (Tour Nr. 5, 11 und 15).

Wie überall im Hochgebirge birgt auch das Wandern in Swanetien verschiedene alpine Gefahren. Deshalb sollten Sie generell nur Wanderungen unternehmen, die Ihrer persönlichen Tourenerfahrung und Ausdauer entsprechen. Akklimatisieren Sie sich erst, bevor Sie auf Touren gehen, die in größere Höhen führen, und achten Sie außerdem immer auf ausreichenden Sonnenschutz. Im Folgenden finden Sie einige Hinweise zu besonderen Gefahren und geeigneten Vorsichtsmaßnahmen.

☺ Tipps für Wanderer

- ▷ Mit Ausnahme der in diesem Buch als leicht eingestuften Wanderungen sollten Sie alle Touren nur bei stabilem, gutem Wetter unternehmen. Prüfen Sie dazu vor jeder Wanderung den Wetterbericht. Als besonders zuverlässig gilt der norwegische Wetterdienst. 💻 www.yr.no.
- ▷ Da die Wanderwege nicht systematisch gewartet werden, sollten Sie sich vor jeder Tour bei Einheimischen über den Zustand des Weges informieren. Besonders zu Beginn der Saison können einzelne Wegabschnitte durch Erdrutsche beschädigt oder ganz zerstört sein. In hohen Lagen können Schneereste oder nach Wettereinbrüchen Neuschnee das Begehen der Wege unmöglich machen.
- ▷ Das Durchwaten von Flüssen ist im Normalfall bei den im Buch beschriebenen Wanderungen nicht nötig. Größere Flüsse werden in der Regel auf festen oder, wenn sie bei der Schneeschmelze weggespült werden, auf improvisierten Brücken überquert, die jedes Jahr zu Anfang der Saison neu errichtet werden.

  ✋ Sollte eine Brücke fehlen, brechen Sie die Wanderung im Zweifel besser ab. Bei der Durchquerung größerer Flüsse zu Fuß ist große Vorsicht geboten. Sie sollten, wenn überhaupt, nur an möglichst breiten und flachen Stellen mit wenig Strömung unternommen werden. Geht das Wasser über die Knie, ist es auf jeden Fall zu gefährlich!
- ▷ Im Kaukasus hat die Herkulesstaude (*Heracleum mantegazzianum*), auch Riesen-Bärenklau genannt, ihre ursprüngliche Heimat und sie ist auch in Swanetien verbreitet. Die Herkulesstaude ist ein bis über 2 m hoher Doldenblütler. Jede Berührung mit der Pflanze sollte dringlich vermieden werden! Sie enthält lichtsensibilisierende Substanzen, die auf der Haut zusammen mit Sonnenlicht zu verbrennungsähnlichen, schlecht heilenden Quaddeln führen.

Sprache

Amts- und Umgangssprache in der Republik Georgien ist Georgisch. Die Sprache gehört zusammen mit Mingrelisch und Swanisch, die ebenfalls in Georgien gesprochen werden, zur Familie der Kartwelsprachen. Im Namen der kleinen

Sprachfamilie lässt sich die Selbstbezeichnung der Georgier, „kartweli" (= „Georgier"), erkennen und tatsächlich fühlen sich die Sprecher aller Sprachen der georgischen Nation zugehörig.

Neben den in Georgien gesprochenen Kartwelsprachen sind Russisch und Englisch als Zweit- oder Drittsprache weit verbreitet, sodass Sie auch mit Kenntnis einer dieser Sprachen zurechtkommen. Dabei wird Russisch vor allem von den älteren und Englisch zunehmend von den jüngeren Leuten gut gesprochen. Deutsch ist ebenfalls eine beliebte Fremdsprache. Auf dem Land und im Gebirge sind die Fremdsprachenkenntnisse allerdings oft viel schlechter als in der Stadt.

Georgisches Alphabet (mit swanischen Sonderzeichen)

Georgisch hat eine eigene Schrift, die auch für Swanisch genutzt wird. Da Swanisch um einige Laute reicher ist als Georgisch, besitzt es zusätzliche Sonderzeichen. Um Ihnen das Lesen georgisch- und englischsprachiger Landkarten und Wegweiser etc. zu erleichtern, finden Sie hier das georgisch-swanische Alphabet mit der offiziellen, aussprachenahen deutschen und englischen Umschrift.

Die Zeichen der Umschrift werden dabei entsprechend ihrer deutschen bzw. englischen Lautung ausgesprochen. Bei der deutschen Umschrift bedürfen lediglich die Lautzeichen *sh*, *gh* und *q* besonderer Aufmerksamkeit. Die erste

Graffito in Kutaisi. Das georgische Alphabet inspiriert auch Künstler (as)

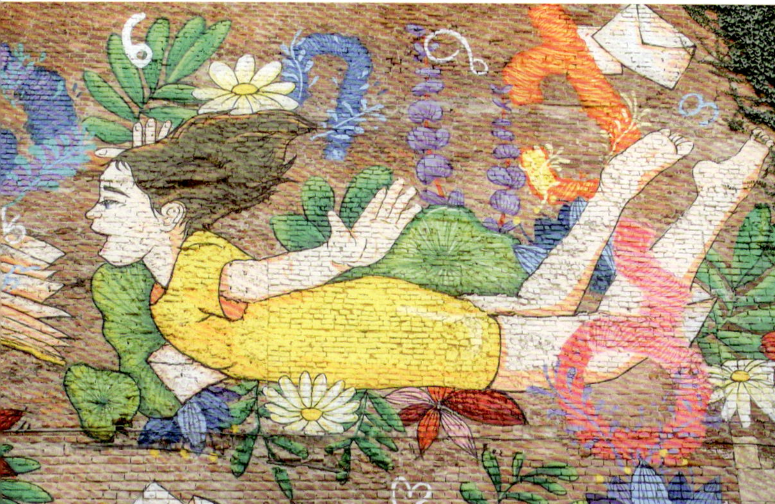

Zeichenkombination wird wie *j* in „Journal" gesprochen und die zweite wie *g* im Berlinerischen „sagense mal". Das Zeichen *q* steht schließlich für einen dem Deutschen ganz fremden Laut. Es handelt sich um ein hartes Rachen-K mit ch-Nachschlag, gesprochen, etwa wie *kk* in Makkaroni, aber hinterher mit ein bisschen *ch* versetzt.

Georgisch-Swanisch	Deutsche Umschrift	Englische Umschrift
ა	a	a
ა̄ = აა	ah	aa
ა̈	ä	ä
ა̈̄ = ა̈ა̈	äh	ää
ბ	b	b
გ	g	g
დ	d	d
ე	e	e
ე̄ = ეე	eh	ee
ვ	w	v
ზ	s	z
თ	t	t
ი	i	i
ი̄ = იი	ie	ii
კ	k	k
ლ	l	l
მ	m	m
ნ	n	n
ჲ	j	y
ო	o	o
ო̄ = ოო	oh	oo
ო̈	ö	ö
ო̈̄ = ო̈ო̈	öh	öö
პ	p	p
ჟ	sh	zh
რ	r	r
ს	s / ss	s
ტ	t	t
უ	u	u
უ̄ = უუ	uh	uu
უ̈	ü	ü

Georgisch-Swanisch	Deutsche Umschrift	Englische Umschrift
უ̈ = უ̈უ̈	üh	üü
უ̂	w	w
ფ	p	p / f
ქ	k	k
ღ	gh	gh
ყ	Q	k / Q
შ	sch	sh
ჩ	tsch	ch
ც	z	ts / c
ძ	ds	dz
წ	z	ts / c
ჭ	tsch	ch
ხ	ch / kh	kh
ჴ	Qh	k
ჯ	dsh	j
ჰ	h	h
ჷ	e	ö
ჷ̄ = ჷჷ	eh	öö

Kleiner Sprachführer

Es gibt nur wenige Ausländer, die Georgisch oder sogar Swanisch sprechen, und wenn Sie ein paar Floskeln lernen, wird Ihnen das große Sympathien einbringen. In dem folgenden kleinen Sprachführer finden Sie einige allgemeine und praktische Redewendungen für unterwegs. Der deutschen Redewendung folgt dabei erst die georgische und danach die swanische Entsprechung.

Bei der georgischen und swanischen Übersetzung wird jeweils in kursiver Schrift immer auch die Aussprache in deutscher Umschrift angegeben. Zudem wird manchmal in eckigen Klammern verdeutlicht, welche Person das Verb ausdrückt.

Bei den Anredepronomen muss man dabei wissen, dass die Georgier bei der höflichen Anrede nicht wie wir siezen, sondern „ihrzen". Swanisch kennt im Gegensatz dazu gar keine Unterscheidung zwischen vertraulicher und höflicher Anrede. Alle sprechen sich im Swanischen mit *du* an, so wie z. B. auch im Englischen.

☺ Auf der Internetseite des Verlages (☞ Updates und Downloads) finden Sie Audioaufnahmen des Sprachführers zum kostenlosen Download als MP3-Datei.

Damit lassen sich die Redewendungen und insbesondere ihre richtige Aussprache leichter erlernen.

Guten Tag!/Hallo! – გამარჯობა(თ)! *gamardshoba(t)!* [dir (euch/Ihnen); wörtlich: Sei (seien Sie/seid) siegreich!]; ხოჩა ლადӓღ! *chotscha ladägh!*
Auf Wiedersehen! – ნახვამდის! *nachwamdis!*; ხოჩӓმდუ ხӓრი(დ)! *chotschahm-du chäri(d)!* [dir (euch); wörtlich: Sei(d) gut!]
Danke! – მადლობა! *madloba!*; იჳასუ ხӓრი(დ)! *iwasu chäri(d)!* [dir (euch); mit der wörtlichen Bedeutung: Sei(d)/werde(d) (so alt) wie Eva!]
ja – დიახ / კი *diach/ki*; ӓდუ *ahdu*
nein – არა *ara*; მӓმა *mahma*
Ich habe nicht verstanden. – ვერ გავიგე. *wer gawige.*; დეშ ოცხირ. *desch ozchir.*
Ich bin Deutsche(r)/Österreicher(in)/Schweizer(in). – მე ვარ გერმანელი / ავსტრიელი / შვეიცარიელი. *me war germaneli/awstrieli/schweizarieli*; მი ხჳი გერმანელ / ავსტრიელ / შვეიცარიელ. *mi chwi germanel/awstriel/schweizariel.*
Wie heißen Sie? – რა გქვიათ? *ra gkwiat?*; მӓჲ ჯაჟხა? *mäj dshashcha?*
Ich heiße … – მე მქვია … *me mkwia …*; მი მაჟხა … *mi mashcha …*
Ist dieses Taxi frei? – ეს ტაქსი თავისუფალია? *es taksi tawisupalia?*; ალ ტაქს ლიმა თაჳსუფӓლ? *al taks lima tawsupäl?*
Halten Sie hier! – აქ გააჩერეთ! *ak gaatscheret!*; ამჩუ ჩჳათჩარӓჳ! *amtschu tschwattscharäw!*
Ich brauche/möchte … – მე მინდა … *me minda …*; მი მაკუ … *mi maku …*
Es schmeckt (sehr gut). – (ძალიან) გემრიელია. *(dsalian) gemrielia.*; (გუნ) გამჳӓნ ლი. *(gun) gamwän li.*
Das mag ich (nicht). – ეს (არ) მიყვარს. *es (ar) miqwars.*; ალა (მӓმ) მალӓტ. *ala (mahm) malät.*
Prost! – გაუმარჯოს! *gaumardshos!*; გამარჯჳუ ხӓრ! *gamardshwu chahr!*
Ich möchte bezahlen. – მინდა გადავიხადო. *minda gadawichado.*; მაკუ, ერე ქჳთჴგდა. maku, ere kohtqheda.
Was kostet es? – რა ღირს? *ra ghirs?*; მӓჲ ხაჯეშ? *mäj chadshesch?*
Schreiben Sie mir das auf! – დამიწერეთ! *damizeret!*; ჩჳӓმīრ! *tschwämier!*
Haben Sie ein freies Zimmer? – გაქვთ თავისუფალი ნომერი? *gakwt tawisupali nomeri?*; ჯჳღჳამა თაჳსუფӓლ ნომერ? *dshwghwama tawsupäl nomer?*
inklusive Essen – კვებით *kwebit*; დīრობშჳ *dierobschw*
Wo ist die Toilette? – სად არის ტუალეტი? *sad aris tualeti?*; იმე ლი ტუალეტ? *ime li tualet?*

Hilfe! – მიშველეთ! *mischwelet!* [helft mir/helfen Sie mir]; ლა̈მშა̈დდ! *lämschädd* [helft mir]

Ich brauche einen Arzt. – მე მჭირდება ექიმი. *me mtschirdeba ekimi.*; მი მაწჷხ ექიმ. *mi mazech ekim.*

Standorte & Unterkünfte

In der Region Oberswanetien gibt es viele hochgelegene Bergdörfer, die als Ausgangspunkt für Wanderungen dienen können. Die größte Auswahl für Tagesausflüge bieten dabei die Orte Maseri, Mestia und Uschguli. Wenn Sie also Ihre Wanderungen immer von einem festen Standort aus beginnen wollen, sollten Sie in einem oder der Reihe nach in mehreren dieser Orte Quartier beziehen.

In den Dörfern bieten viele Familien private Unterkunft und Verpflegung an. In diesen Pensionen, die hier Familienhotels (საოჯახო სასტუმრო *saodshacho sastumro*) genannt werden, sind die Gäste meistens in sehr einfachen Zimmern mit Gemeinschaftsdusche untergebracht. Zunehmend gibt es aber auch Familienhotels mit gehobenem Standard, d. h. mit eigener Dusche im Zimmer, und in den touristischen Hauptorten Mestia und Uschguli finden Sie bereits Hotels aller Preisklassen.

Eine Unterkunft in den Dörfern kostet in den dort verbreiteten Familienhotels für eine Person einschließlich Vollpension, d. h. mit Abendbrot, Frühstück und Lunchpaket, zwischen GEL 40 und 60.

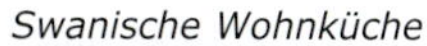

Swanische Wohnküche

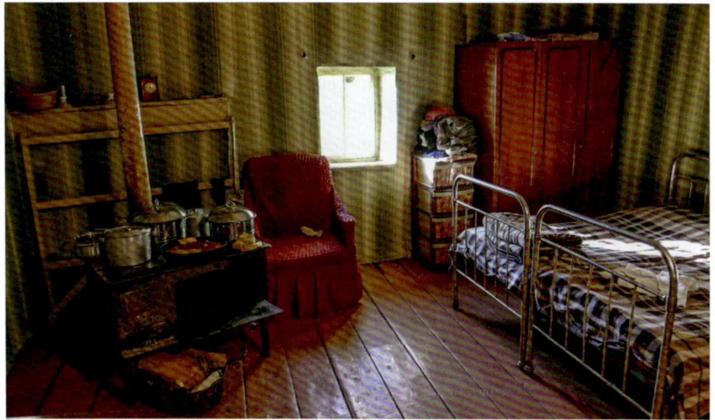

☺ Da sich die Region immer größerer Beliebtheit erfreut, ist zumindest in der Hauptsaison von Mitte Juli bis Ende August, und wenn Sie in einer größeren Gruppe reisen wollen, eine Reservierung der Unterkünfte zu empfehlen.

Bei der Reservierung von Unterkünften hilft Ihnen die Touristinformation in Mestia (☞ Wanderinfrastruktur*)*. Alternativ können Sie einige der Unterkünfte mittlerweile auch schon auf einschlägigen Plattformen wie 💻 booking.com und 💻 airbnb.com im Internet buchen. Zur Suche geben Sie die gewünschten Orte in englischer Schreibweise ein, also *Mazeri, Mestia, Zhabeshi, Adishi, Tsvirmi, Ushguli* usw. Ggf. ergänzen Sie dazu noch den Zusatz *Georgia*.

☺ Tipps für Mehrtagesrouten

Einige der im Buch beschriebenen Wanderungen lassen sich zu Mehrtagesrouten kombinieren. Sie können so Wanderungen von Dorf zu Dorf von 2 bis 6 Tagen unternehmen und diese beliebig verlängern, indem Sie an den Zwischenorten noch zusätzliche Tageswanderungen einschieben. Im Folgenden finden Sie Vorschläge für Mehrtagesrouten.

▷ Der Klassiker unter den Dorf-zu-Dorf-Wanderungen ist die 4-Tages-Tour von Mestia nach Uschguli via Shabeschi, Adischi und Iprali. Dazu kombinieren Sie Tour Nr. 14, 16, 17 und 18.
Verlängern können Sie die Route, indem Sie ihr zwei Tagesetappen, nämlich Tour Nr. 1 und 7, voranstellen. Diese 6-Tages-Wanderung beginnen Sie dann schon in Ezeri und legen in Maseri einen Zwischenstopp ein, bevor Sie weiter nach Mestia gehen. Während die Etappe von Ezeri nach Maseri (Tour Nr. 1) nicht sehr anstrengend und damit gut als Eingehtour geeignet ist, gehört die Tour von Maseri nach Mestia (Tour Nr. 7) zu den anstrengendsten überhaupt. Deshalb sollten nur konditionsstarke Wanderer diese Tourenverlängerung unternehmen. Für diese 6-Tages-Wanderung kombinieren Sie also Tour Nr. 1, 7, 14, 16, 17 und 18.
Alle Wanderungen sind im Buch entsprechend ihrer Lage von West nach Ost geordnet. Tatsächlich ist es auch zu empfehlen, Oberswanetien in dieser Richtung zu erwandern, denn das Höhenniveau nimmt insgesamt von West nach Ost zu und wenn Sie mit niedrigerer Schlafhöhe beginnen, wird eine gute Akklimatisation begünstigt.
Wenn Sie bei der beschrieben 6-Tages-Tour von Ezeri nach Uschguli Ihre Unterkunft in Mestia schon vorab buchen, hat das den Vorteil, dass Sie sich bei Ihrer Ankunft in Kutaisi auch direkt vom Flughafen von einem Taxi

aus Mestia abholen lassen können. Die Wirtsfamilie wird das auf Anfrage gerne organisieren. Dann können Sie sich vom Taxi in Ezeri, dem Ausgangspunkt Ihrer Wanderung, absetzen lassen, dem Fahrer ein Teil Ihres Gepäcks (z. B. die Wechselwäsche) mit nach Mestia geben und so mit viel leichterem Rucksack unterwegs sein. Beim Weiterwandern von Mestia lassen Sie dann wieder einen Teil Ihres Gepäcks zurück und holen es ab, wenn Sie von Uschguli mit dem Taxi zurückkommen.

▷ Nehmen Sie in Mestia Quartier und möchten außer Tagesausflügen auch eine kurze, leichte Mehrtagestour unternehmen, bieten sich zwei Varianten an:
Am leichtesten, da Sie den anfänglichen Aufstieg mit dem Sessellift überwinden können, ist die Rundwanderung von Mestia über den Suruldi-Rücken nach Zwirmi und zurück nach Mestia via Ieli. Dazu kombinieren Sie die Tour Nr. 12 einschließlich dem Abstieg vom Mentaschi-Gipfel nach Zwirmi (Variante) und Tour Nr. 13.
Eine schon etwas anstrengendere Tour ist die 3-Tages-Rundwanderung von Mestia nach Shabeschi und weiter nach Zwirmi. Zurück nach Mestia geht es auf dem gleichen Weg wie oben bei der 2-Tages-Tour. Hier kombinieren Sie Tour Nr. 14, Tour Nr. 16 einschließlich der Variante vom Tetnuldi-Skigebiet nach Zwirmi und Tour Nr. 13.

Telefon & Internet

In Georgien gilt die europäische **Notrufnummer 112**. Diese können Sie von jedem Festnetz- und Mobiltelefon (auch ohne SIM-Karte) kostenlos anrufen. Mit dieser Nummer gelangen Sie unmittelbar zu den Notrufdiensten von Polizei, medizinischem Rettungsdienst und Feuerwehr.

Um in Georgien von Ihrem mitgebrachten (ausländischen) Mobiltelefon zu telefonieren, wählen Sie die georgische Landesvorwahl +995 und dann die georgische Mobiltelefonnummer bzw. die Festnetznummer mit Ortsvorwahl ohne die „0“.

Da die Roaminggebühren in Georgien sehr hoch sind, lohnt es sich, für Ihr Handy eine georgische SIM-Karte (ქართულნომრიანი სიმ-ბარათი *kartulnomriani sim-barati*) zu kaufen. Die Mobilfunkanbieter haben Verkaufsschalter in den Ankunftshallen der internationalen Flughäfen und Filialen in den größeren Städten. Die beste Netzabdeckung, was sich besonders im Hochgebirge zeigt, hat Magti. Andere große georgische Mobilfunkanbieter sind Beeline und Geocell.

www.magticom.ge, www.beeline.ge und www.geocell.ge

In Swanetien bieten die Hotels, aber auch viele private Unterkünfte sowie die wenigen Restaurants und Cafés kostenloses, manchmal aber etwas langsames WLAN. Wenn Sie auch sonst mit Ihrem Smartphone ins Internet wollen, z. B. um die Wetterapp zu checken, kaufen Sie sich eine SIM-Karte mit Datenvolumen (სიმ-ბარათი ინტერნეტ-პაკეტით *sim-barati internet-paketit*).

☺ Die georgischen Mobilfunkanbieter bieten für ausländische Touristen spezielle Leistungspakete, sog. Paketi „Turisti" პაკეტი „ტურისტი", an. Diese enthalten dann eine Flatrate für regionale Gespräche und SMS sowie je nach Anbieter 2 bis 3 GB Datenvolumen und 30 bis 50 Min. internationale Gespräche, sodass Sie auch nach Hause telefonieren können. Der Preis für 14 Tage liegt zwischen GEL 20 und 30.

Updates und Downloads

Der Conrad Stein Verlag veröffentlicht Updates zu diesem Buch, die direkt von dem Autor oder von Lesern dieses Buches stammen. Bitte suchen Sie vor der Abreise auf die Verlags-Homepage 💻 www.conrad-stein-verlag.de nach diesem Titel. Der abgebildete QR-Code führt Sie direkt zu der richtigen Seite.

Außer den Updates finden Sie auf der Internetseite einen **Audiosprachführer** zum kostenlosen Download. Die MP3-Datein enthalten Audioaufnahmen des in diesem Buch enthaltenen kleinen Sprachführers. Damit lassen sich die Redewendungen und insbesondere ihre richtige Aussprache leichter erlernen.

Verkehrsmittel

Öffentliche Verkehrsmittel sind in Swanetien sehr limitiert und beschränken sich im Wesentlichen darauf, von dem Hauptort Mestia aus genau wie bei der Anreise auch wieder per Marschrutka abreisen zu können. Außerdem fahren zwischen Mestia und Uschguli Sammeltaxis. Darüber hinaus gibt es keinen öffentlichen Nahverkehr zwischen den Ortschaften und damit ist das Taxi meist das einzige, aber natürlich auch ein sehr bequemes und gar nicht so teures Verkehrsmittel vor Ort.

Marschrutka

Von Mestia aus fahren täglich Marschrutkas nach Tbilisi, Kutaisi und Batumi. Dabei gibt es in Mestia keinen Busbahnhof im eigentlichen Sinn. Die Marschrutkas sammeln sich morgens im Zentrum am Anfang der Tamar Mepis Kutscha (Königin-Tamar-Straße) kurz vor dem Setis Moedani (Seti-Platz) und fahren von hier zwischen 7:00 und 9:00 ab. Die Tickets kauft man am Vorabend in einem der vielen kleinen Geschäfte ringsum und erfährt dabei gleich, wann und wo die eigene Marschrutka am nächsten Morgen genau abfährt. Für Preise und Fahrzeiten siehe die Verbindungen in umgekehrter Richtung ab Tbilisi bzw. Kutaisi, ☞ Anreise.

Sammeltaxi

Der einzige reguläre Nahverkehr in Oberswanetien besteht in Allrad-Sammeltaxis, die zwischen Mestia und Uschguli verkehren. Die Fahrzeit beträgt 2 Std. In Mestia fahren die Sammeltaxis ab 10:00 am Marschrutka-Halteplatz am Anfang der Tamar Mepis Kutscha ab und die Tickets bekommen Sie ebenfalls dort in den Kiosken (siehe oben). Eine Fahrt in eine Richtung kostet GEL 25.

In Uschguli fahren die Sammeltaxis von der großen Enguri-Brücke zwischen den Ortsteilen Tschashaschi und Tschwibiani ab. Abfahrtszeit ist hier ab 8:00.

Taxi

Das bequemste und mangels öffentlichen Nahverkehrs oft auch das einzige Verkehrsmittel, um zum Ausgangspunkt Ihrer Wanderung zu kommen, ist das Taxi. Da viele Einheimische sich als Fahrer mit ihren privaten Pkw Geld verdienen (müssen), ist es fast immer ganz einfach, ein Taxi zu finden.

In Mestia, dem Gebietszentrum von Oberswanetien, stehen immer am Setis Moedani (Seti-Platz) schräg gegenüber der Touristinformation mehrere private Taxis, die auf Fahrgäste warten. Benötigen Sie an einem anderen Ort in Swanetien ein Taxi, wenden Sie sich einfach an Ihr Hotel bzw. die Wirtsfamilie Ihrer Pension und lassen sich einen Fahrer vermitteln.

☺ Haben Sie einmal ein Taxi in den Bergen benutzt, z. B. um sich zum Ausgangspunkt einer Wanderung fahren zu lassen, ist es immer eine gute Idee, sich die Telefonnummer des Fahrers geben zu lassen. Dann können Sie diesen immer wieder anrufen und z. B. durchgeben, wann und wo er Sie abends nach einer Wanderung abholen soll.

An den Zielorten mancher Wanderungen gibt es feste Abfahrtspunkte, an denen in der Hauptwandersaison Taxis auf Touristen als Passagiere warten. Außerdem finden Sie fast überall in den Ortschaften Hinweisschilder mit der Aufschrift „Taxi“ und der Telefonnummer, über die Sie einen ortsansässigen Fahrer erreichen. Schließlich können Sie immer auch einfach einen Einheimischen fragen. Fast jeder kennt einen Taxifahrer oder hat selbst einen in der Familie und wird diesen dann für Sie anrufen.

Bei gutem Straßenzustand liegt der Fahrpreis für eine Taxifahrt in Georgien bei Langstrecken zwischen GEL 1 bis 2 pro Kilometer. Bei Kurzstrecken kommt ein Aufschlag von mindestens GEL 3 dazu.

Bei Fahrten auf unbefestigten Pisten, wie es in Swanetien häufig vorkommt, und besonders wenn dafür sogar ein Allradfahrzeug nötig ist, sind die Preise deutlich höher. Öfter gefahrene Strecken haben manchmal einen allgemein üblichen Fixpreis. In so einem Fall wird dieser Preis im Tourenteil des Buches bei den Informationen zu der jeweiligen Wanderung genannt.

☺ Wie überall in der Welt, wo Taxis ohne Taxameter fahren, sollten Sie auch in Swanetien den Fahrpreis unbedingt vor Fahrtantritt aushandeln! Andernfalls kann es sein, dass Ihnen nachher ein überhöhter Preis genannt wird.

Parkmöglichkeiten

Befestigte und ausgewiesene Parkplätze sind sehr selten in Swanetien und, wenn vorhanden, bei den Informationen zu den einzelnen Touren angegeben. Wilde Parkmöglichkeiten gibt es dagegen fast überall an den Ausgangs- und Zielorten der Wanderungen. Am sichersten ist es aber, wenn Sie Ihr eigenes oder gemietetes Fahrzeug auf dem Hof Ihrer Wirtsfamilie parken bzw., wenn Ihre Wanderung einen anderen Ausgangsort hat, Sie Ihre Wirtsfamilie nach Verwandten oder Bekannten fragen, bei denen Sie Ihr Auto dann dort abstellen können.

Wanderinfrastruktur

Georgien ist das erste Land der Kaukasusregion, in dem die Wanderwege in den für Touristen attraktivsten Bergregionen systematisch markiert werden. Die Arbeiten dazu haben Anfang der 2000er-Jahre im Rahmen verschiedener Touristikprogramme und auch privater Initiativen begonnen und dauern noch an.

Die Bergregion Swanetien verfügt mittlerweile über ein großes Netz von markierten Wanderwegen, das aber nicht mit den Standards in den Alpen zu vergleichen ist. Zwar erfolgt die Markierung der Wege durch Informationstafeln, Wegweiser und Farbmarkierungen auf Steinen und an Bäumen etc. sehr professionell, es erfolgt aber keine kontinuierliche Wartung, sodass nach einiger Zeit Markierungen nicht mehr gut sichtbar sind oder ganz fehlen können. Auch die Wege

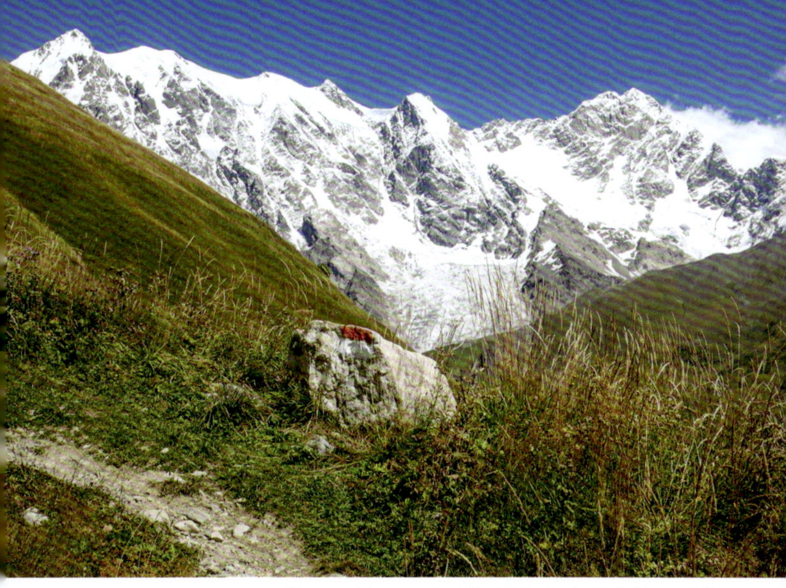

Wegmarkierung im Chaldetschala-Tal (Tour 17)

selbst werden nicht laufend kontrolliert, gesichert und gewartet. Einige Wege der in diesem Buch beschriebenen Wanderungen sind entsprechend sehr gut, einige schlecht und ganz wenige auch noch gar nicht markiert. Konkrete Hinweise zur Markierung der jeweiligen Wege finden Sie bei den Informationen zu den einzelnen Touren.

Die meisten Wanderwege folgen alten Reit-, Hirten- oder Jagdwegen, sind gut ausgetreten und deshalb auch bei lückenhafter Markierung in der Regel gut zu finden. Schwierig kann die Wegfindung in Weidegebieten werden, wenn Viehpfade die Wanderwege kreuzen und so in die Irre führen können. In jedem Fall sollten Sie sich nicht allein auf die Markierung der Wanderwege verlassen, sondern zur sicheren Orientierung ein GPS-Gerät oder auch eine Wanderkarte dabeihaben.

☹ Eine Besonderheit beim Wandern in Georgien stellt der Umstand dar, dass es auf den Wanderungen nur selten Einkehrmöglichkeiten gibt und diese dann oft keine zuverlässigen Öffnungszeiten haben. Deshalb müssen Sie selbst ausreichend Marschverpflegung und vor allem auch zu trinken mitnehmen. Als improvisierter

Picknickplatz findet sich dann immer eine schöne Stelle. Falls unterwegs Einkehrmöglichkeiten bestehen, wird das bei den Informationen zu den Wanderungen angegeben.

Mestia Tourism Information Center (TIC)

In Mestia, dem Hauptort der Ferienregion Swanetien, gibt es ein staatliches Touristeninformationsbüro, das sehr hilfreich für Wanderer ist. Es werden nicht nur Unterkünfte, Fahrer mit Allradfahrzeugen sowie Berg- und Wanderführer vermittelt, sondern auch kostenlos gutes Informationsmaterial, darunter Kartenblätter mit Vorschlägen für Tageswanderungen, bereitgestellt.

Das Büro befindet sich am zentralen Platz des Ortsteils Seti direkt links neben dem bekannten Traveller-Treff Café Laila mit seiner großen Straßenterrasse.

- Setis Moedani 7 (Seti-Platz), ☏ +995/551 08 08 94, ✉ ticmestia@gmail.com, tägl. 9:00 bis 18:00

Wandern mit Kindern

Die meisten der beschriebenen Wanderungen führen durch hochalpines Gelände und sind aufgrund von Schwierigkeit, Länge und Gefahren gar nicht oder nur eingeschränkt für ältere Kinder geeignet. Einige der leichten Wanderungen (grüne Schwierigkeitskategorie) können jedoch sehr gut von der ganzen Familie unternommen werden. Oft sind diese Touren für Kinder sogar besonders interessant.

Wanderungen, die für Kinder infrage kommen, sind gekennzeichnet. Inwieweit Ihre Kinder die jeweiligen Anforderungen an Ausdauer, Trittsicherheit und Disziplin erfüllen, können Sie nur selbst einschätzen. Hinweise zu den Anforderungen finden Sie in den Informationen zu den einzelnen Touren.

Für eine Benutzung mit Buggy oder Kinderwagen sind alle Wege generell nicht geeignet.

Wandern mit Hund

Dass es theoretisch möglich wäre, die Wanderungen in Swanetien auch gemeinsam mit dem eigenen Hund zu unternehmen, beweisen die in den Dörfern herumstreunenden Mischlingshunde, die Touristen manchmal auf die längsten und schwierigsten Touren begleiten, in der Hoffnung etwas von der Marschverpflegung abzubekommen.

Tatsächlich gibt es aber für das Vorhaben „Wandern mit eigenem Hund" eine ganze Menge praktischer Hürden. Das sind vor allem die Anreise, die ja in der Regel auf dem Luftweg erfolgt, der Transport vor Ort – Sie wären dann wahrscheinlich auf ein Mietauto angewiesen – und die bestehenden strengen Ein- und Ausreiseregelungen für das Tier.

Zeit

Die Uhrzeit in Georgien entspricht im Winterhalbjahr unserer mitteleuropäischen Zeit plus 3 Std. Da in Georgien keine Umstellung auf Sommerzeit erfolgt, beträgt der Zeitunterschied im Sommerhalbjahr nur 2 Std.

Maseri

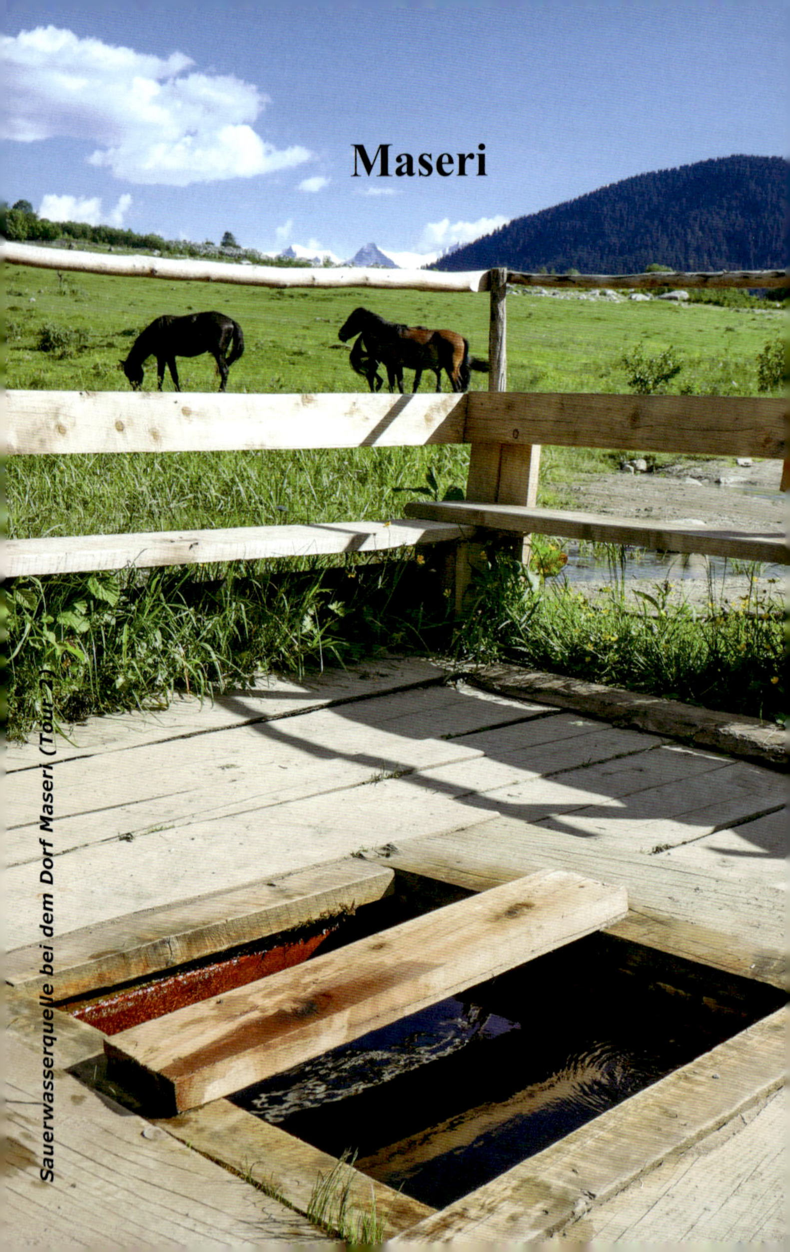

Sauerwasserquelle bei dem Dorf Maseri (Tour 2)

❶ Von Ezeri nach Maseri (via Baki-Pass)

Tour für sportliche Einsteiger

Die abwechslungsreiche Wanderung lässt kaum Wünsche offen: Dem mäßig steilen Aufstieg über Bergwiesen folgt ein aussichtsreicher Pass, von dem ein Höhenweg weiter zu einem einsamen Bergsee mit naher Kirche führt. Von dort geht es, was Sie besonders an heißen Tagen schätzen werden, durch schattigen Hochwald hinab ins Nachbartal.

Die Wanderung gehört zu den weniger anstrengenden Ganztagestouren und ist deshalb gut als längere Eingehtour geeignet.

→ Start: Landstraße Sch 7 in Ezeri, GPS N 43°02.349' E 042°30.784';
Ziel: Wegweiser an der Schule von Maseri, GPS N 43°04.250' E 042°36.709'

17 km

5 Std. 30 Min.

↑↓ 1.225 m/1.074 m

⇧ 1.433-2.467 m

spartanische rote Wegmarkierungen, diverse Wegweiser

Gute Wege, überwiegend Kuh- und Bergpfade, in Dorfnähe Schotterwege und Allradpisten. Es gibt keine Quelle unterwegs und wegen der Weidewirtschaft ist es nicht empfehlenswert, das Wasser aus den Bächen zu trinken.

Kurz vor Maseri, dem Ziel Ihrer Wanderung, kommen Sie am Grand Hotel Uschba vorbei (km 14,75), in dem Sie tagsüber zu Getränken oder Kaffee und Kuchen einkehren können.

Eine Rast bietet sich am Baki-Pass (km 6,7) im Gras an und bei der Erzengelkirche von Mesiri (km 9,6) im Schatten der Kirchenmauern.

Die Tour gehört zu den leichteren Ganztageswanderungen und ist im Abstieg landschaftlich sehr abwechslungsreich. Damit müssen Sie mitwandernde Kinder dann auch beim etwas gleichförmigen Aufstieg am Anfang der Tour trösten. Beim Abstieg ist Trittsicherheit nötig und die Wanderung ist deshalb nur für ältere Kinder geeignet.

Es gibt keinen öffentlichen Nahverkehr nach Ezeri. Es besteht aber die Möglichkeit, sich bei der Anreise von Kutaisi Richtung Mestia hier absetzen zu lassen. Dann müssen Sie schon vor der Abfahrt in Kutaisi dem Fahrer der Marschrukta Bescheid sagen, dass er in Ezeri für Sie stoppen soll. Das funktioniert allerdings nur, wenn Sie in Ezeri übernachten und die Wanderung erst am nächsten Tag beginnen.

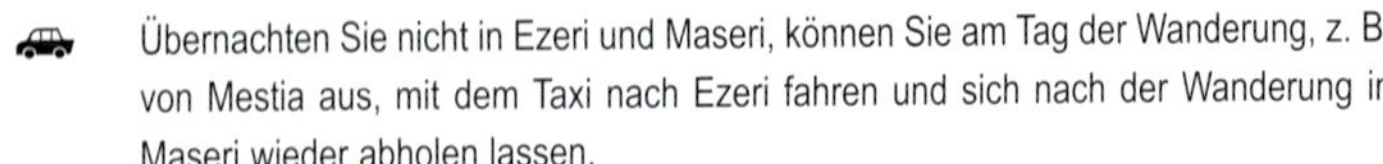

Übernachten Sie nicht in Ezeri und Maseri, können Sie am Tag der Wanderung, z. B. von Mestia aus, mit dem Taxi nach Ezeri fahren und sich nach der Wanderung in Maseri wieder abholen lassen.

Dorf-zu-Dorf-Wanderung; mögliche Tourenkombination: **1**, 7, 14, 16, 17, 18

Ausgangsort der Wanderung ist die weitläufige Dorfgemeinde **Ezeri** ეცერი, die 25 km vor Mestia an der von Sugdidi kommenden Fernverkehrsstraße Sch 7 liegt. Die Gemeinde zählt insgesamt ca. 300 Einwohner und unterteilt sich in 14 kleine Ortsteile, von denen Iskari und Barschi die wichtigsten sind. Iskari liegt direkt an der Nordseite der Straße und bildet das heutige Gemeindezentrum.

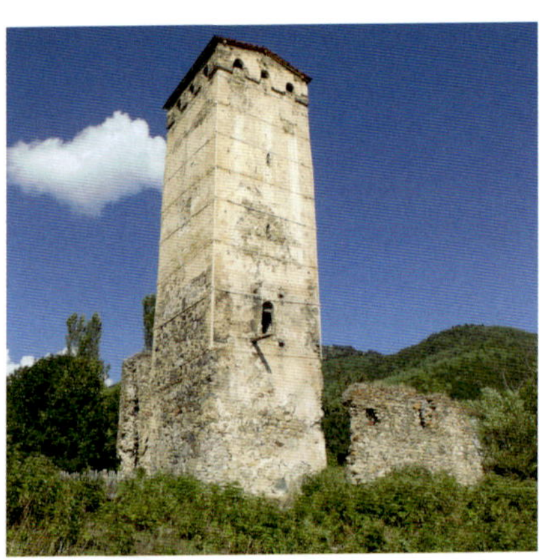

Der Dadeschkeliani-Wehrturm (as)

In Ezeri gibt es einige Kirchen, die so bedeutend sind, dass sie auch von Tagestouristen besucht werden und von der Straße her ausgeschildert sind. Dazu gehört die auf einem Hügel gelegene, schon weithin sichtbare Erzengelkirche im Ortsteil Pchutreri und die Kirche der hl. Barbara in Iskari. Die wichtigste Sehenswürdigkeit sind aber die Reste der ehemaligen Residenz der Fürsten Dadeschkeliani mit riesigem Wehrturm im Ortsteil Barschi.

Die Fürsten Dadeschkeliani

Nach den Fürstengeschlechtern, die Teile von Swanetien beherrschten, nannte man Niederswanetien auch Dadiani-Swanetien und den Westteil Oberswanetiens Dadeschkeliani-Swanetien. Dabei versuchte das Fürstentum der Dadeschkelianis ständig, sich auch den von freien Bauern bewohnten Ostteil Oberswanetiens einzuverleiben. Da das trotz vieler, mitunter trickreicher Versuche nie gelang, wurde dieser Teil auch „Freies Swanetien" genannt.

Nachdem Russland Swanetien 1859 militärisch annektierte, endete die seit dem 15. Jh. bestehende Herrschaft der Dadeschkelianis. Zwar wurden diese nach der russischen Eroberung wie viele andere kaukasische Fürstenhäuser in den russischen

Adel integriert, für Konstantine Dadeschkeliani, den letzten selbstständigen Fürsten, war das aber nur ein schwacher Trost. Bei einer Audienz in Kutaisi verlor er die Beherrschung und tötete den russischen Militärstatthalter mit einem Säbelhieb. Daraufhin wurde er hingerichtet.

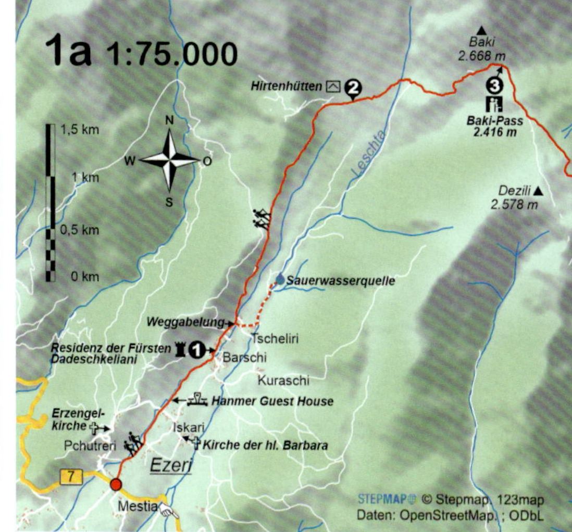

Die Wanderung beginnt in Ezeri an der **Landstraße Sch 7**. Sie nehmen den Schotterweg, der von hier immer mit Richtung Nordnordost durch die Ortsteile Iskari und Barschi bergauf ins Tal führt. Der historische Ortskern von Iskari liegt weiter rechts und so stehen am Anfang nur neuere Häuser an diesem Weg. Nach 1 km erreichen Sie das **Hanmer Guest House**, das zugleich das letzte Haus des Ortsteils Iskari ist.

Weiter gehen Sie durch umzäunte Felder und nach 500 m beginnt Barschi. In der Ortsmitte, etwas rechts oberhalb des kleinen Dorfplatzes, befindet sich die

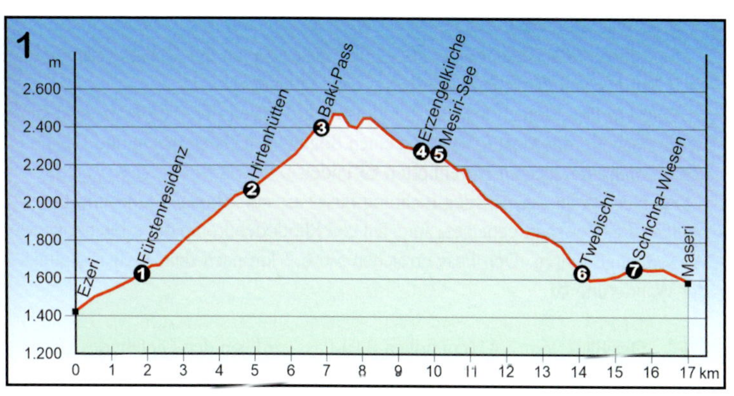

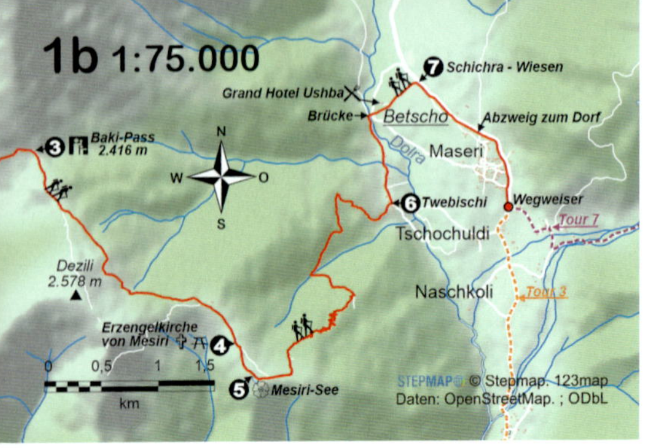

ehemalige **Residenz der Fürsten Dadeschkeliani ❶** mit Wehrturm, Wehrmauer und Mauerresten anderer Gebäude. Der Wehrturm aus dem 17. Jh. ist der einzige noch vollständig erhaltene Wehrturm in Ezeri, dafür aber mit 29 m der höchste in ganz Swanetien! Sie gehen am Wehrturm vorbei weiter bergauf durchs Dorf. Nach 350 m kommt eine **Weggablung**.

Abstecher zur Sauerwasserquelle in Ezeri (700 m vom Weg, ↑ 300 m, ↓ 0 m)

Oberhalb des Ortsteils Barschi gibt es eine Sauerwasserquelle, die es zu kosten lohnt und bei der auch die Einheimischen Wasser holen. Ihr Besuch ist ein schöner Spaziergang. Sie gelangen zur Quelle, indem Sie bei der oben beschriebenen Weggablung nach rechts abbiegen, zwischen den letzten Häuser entlang 250 m nach Osten und dann 450 nach Nordnordosten gehen.

☺ Der Weg zur Quelle lässt sich auch gut als eigene kurze Wanderung unternehmen. Von der Landstraße Sch 7 sind es 5,6 km hin und zurück.

Sind Ihre Wasserflaschen bereits gefüllt, gehen Sie an der Gablung halb links nach Norden und erreichen kurz darauf das Dorfende.

Vom Dorfrand folgen Sie der Allradpiste, die erst an der Westflanke des Tals weiter nach Nordnordost führt, dann einen Bogen nach Osten macht und schließlich an mehreren kleinen **Hirtenhütten ❷** endet.

Ab hier erfolgt der Aufstieg Richtung Baki-Pass auf schmalen Kuh- und Bergpfaden, die über sanft geneigte, zum Teil von Rhododendronmatten durchzogene Wiesenhänge führen. Den Pass erreichen Sie 6,7 km nach dem Ausgangspunkt der Wanderung ❸.

Der Blick vom 2.416 m hohen Baki-Pass wird von den Gipfeln des Uschba (4.710 m) und Maseri (4.012 m) im Nordosten dominiert. Der höhere der beiden Gipfel ist der legendäre Uschba. Zwar sehen Sie von hier nur die Südspitze des für seinen symmetrischen Doppelgipfel berühmten Berges, diese zeigt sich aber umso beeindruckender. Der völlig frei stehende Gipfelaufbau erhebt sich 1.000 m über den Maserigrat.

Am Pass gibt es zwar keine Sitzgelegenheiten, der herrliche Rundblick lädt aber trotzdem zu einer Rast im Gras ein.

Vom Pass gibt es zwei Wege nach Maseri, einen direkten Abstieg nach Osten und den längeren nach Südosten. Der direkte Weg ist weit weniger schön. Er wird eigentlich nur gegangen, wenn der Pass als Tagestour von Maseri aus gemacht wird und man dabei nicht zweimal denselben Weg gehen will.

Sie nehmen vom Wegweiser den Weg rechts nach Südosten und gehen durch die eigentliche Passmulde auf den sich anschließenden Bergrücken. Nach 600 m verlassen Sie den Bergrücken, der weiter zum Gipfel des Berges Dezili ansteigt, und folgen dem Weg links. Dieser Weg führt mit anfangs kleinen Gegenanstiegen hinab in einen lichten, dickstämmigen Birkenwald, aus dem es nach Norden

Abstieg vom Baki-Pass

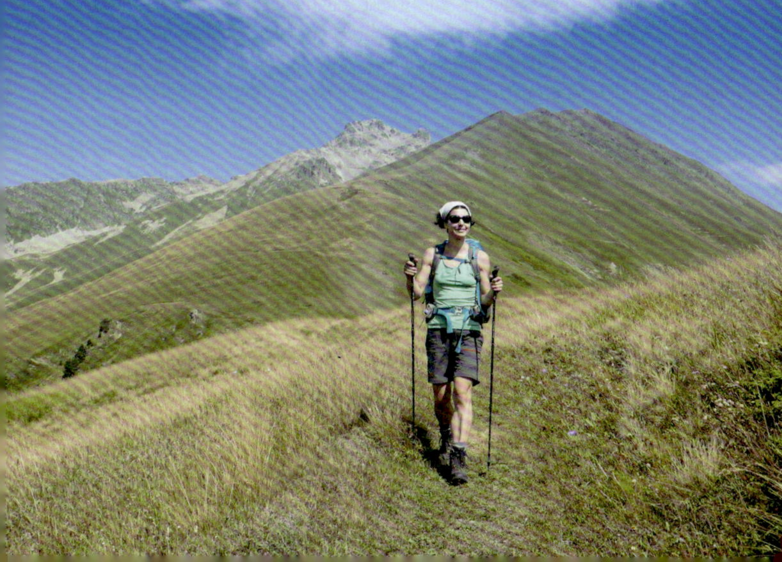

schöne Durchblicke auf den Uschba und den Uschba-Wasserfall gibt. Am Ende des Waldes überschreiten Sie die Talflanke und haben freien Blick nach Süden. Sie gehen über den waldfreien Bergrücken zur ✝ **Erzengelkirche von Mesiri ❹**. Von der Kirche haben Sie einen schönen Rundblick und ihr Standort ist somit auch ein guter Picknickplatz. Außerdem können Sie die kleine Hallenkirche aus dem 11. Jh. auch besichtigen. Obwohl das Gemäuer von außen sehr lose aussieht, verbirgt sich im Innenraum ein kompaktes Chorgewölbe und den Altarraum trennt eine schöne aus Stein gehauene Ikonostase.

Von der Kirche sehen Sie schon den nahen **Mesiri-See ❺**, an dem der weitere Weg vorbeiführt. Der See selbst gleicht, weil er recht klein ist und als Kuhtränke dient, eher einem Teich, seine herrliche Lage macht ihn aber trotzdem zu einer echten landschaftlichen Sehenswürdigkeit. Bei dem richtigen Licht spiegelt sich der Gipfel des Uschba in seiner Wasseroberfläche und bietet ein gutes Fotomotiv.

Vom See gehen Sie leicht bergab über eine Lichtung in Richtung Osten, biegen auf dieser nach 260 m links nach Norden ab und steigen kurz darauf steil, aber schattig lange 650 Höhenmeter durch hohen Tannenwald ins Dolra-Tal mit der Großgemeinde Betscho hinab. Dort erreichen Sie zuerst das Dorf **Twebischi ❻**.

An der Kreuzung in Twebischi gehen Sie links und folgen dem Fahrweg durchs Dorf und aus diesem hinaus bis zur Brücke, die rechts über den Dolra-Fluss führt. Nach der Brücke gehen Sie bergauf nach Osten. Hier kommen Sie nach 100 m am ✕ **Grand Hotel Ushba** (☞ Tour Nr. 2) vorbei und erreichen nach weiteren 450 m an den **Schichra** genannten Weidewiesen ❼ den Hauptfahrweg des Tals. Jetzt gehen Sie auf dem Fahrweg nach rechts und folgen diesem bis zum ersten Abzweig in das Dorf Maseri. Wenn Sie ins Dorf wollen, biegen Sie hier rechts ab, wenn nicht, folgen Sie der Straße ums Dorf herum zum Ende der Wanderung an dem großen **Wegweiser** ein Stück unterhalb des Dorfes Maseri.

❷ Spaziergang im oberen Dolra-Tal

Tour für kleine und große Dorfentdecker

Auf der kleinen Rundwanderung erkunden Sie das Dolra-Tal, dort, wo es am schönsten ist. Der Weg führt Sie durch die drei obersten Ortsteile der Betscho-Gemeinde und die weitläufigen Heu- und Weidewiesen dazwischen. Dabei kommen Sie außerhalb der Dörfer an den beiden besten Sauerwasserquellen des Tals vorbei und gelangen bis an den Waldrand des „wilden" Obertals. Es gibt mehrere Einkehrmöglichkeiten und da die Wanderung keine großen Höhenunterschiede aufweist, relativ kurz und sehr abwechslungsreich ist, eignet sie sich besonders gut für einen Ausflug mit Kindern.

Start/Ziel: Wegweiser an der Schule von Maseri, GPS N 43°04.250' E 042°36.709'

10,4 km

3 Std.

383 m/383 m

1.543-1.670 m

keine durchgehende Markierung, einige Wegweiser

Meist unbefestigte Dorf-, Feld- und Waldwege, teilweise auch schmale Pfade über Wiesen und ein kurzes Stück Asphaltstraße. Zwischen Twebischi und dem Café Hiker's Inn (auf der Westseite des Dolra-Flusses) gibt es einen im Frühjahr sehr wasserreichen Zufluss in den Dolra, über den immer erst bei Beginn der Wandersaison (meist im Juni) eine Behelfsbrücke gebaut wird.

Fragen Sie deshalb vor der Wanderung bei Ihrer Wirtsfamilie nach, ob der Wegabschnitt passierbar ist. Außerdem können Sie im Guesthouse Qor Tvebish telefonisch nachfragen. Für die Kontaktdaten siehe unten (☞ ❷).

Die Wanderung ist tatsächlich eine der wenigen in Swanetien mit mehreren Einkehrmöglichkeiten. Es gibt ein Café in Tschochuldi (Café Pangani, km 0,4) und zwei in Twebischi (Qor Tvebish, km 2,3 und Grand Hotel Ushba, km 2,6) sowie abseits der Dörfer eine Ausflugsgaststätte (Café Hiker's Inn, km 5,5), wo Sie mittagessen können. Alle Einkehrmöglichkeiten sind nur saisonal geöffnet und haben keine festen Öffnungszeiten.

Sie kommen an zwei Sauerwasserquellen vorbei, bei denen es jeweils Sitzbänke gibt und die sich daher gut als Picknickplätze anbieten (km 3,8 und km 7,5).

Die Tour ist absolut für Familien mit Kind geeignet. Es gibt jede Menge Abwechslung, wie frei laufende Enten, Schweinefamilien, Kühe, Kälber und Pferde sowie zur

Verkostung zwei Mineralwasserquellen und zwischendurch können Sie je nach Jahreszeit Bergblumen oder die Heuernte bestaunen. ☟ Sind Sie mit kleinen Kindern unterwegs, sollten Sie bei den Flussquerungen besonders auf diese achten. Die Brücken haben oft keine oder unzureichende Geländer!

Es gibt keinen öffentlichen Nahverkehr nach Maseri. Es besteht aber die Möglichkeit, sich bei der Anreise von Kutaisi nach Mestia hier absetzen zu lassen. Dann müssen Sie schon vor der Abfahrt in Kutaisi dem Fahrer der Marschrutka Bescheid sagen, dass er in Betscho (!) für Sie stoppen soll. Von der Landstraße, wo Sie dann abgesetzt werden, sind es 7 km bis zum Ortsteil Maseri. Die können Sie zu Fuß gehen oder, wenn Sie eine Unterkunft im Ort vorbestellt haben, sich von Hotel oder Wirtsfamilie mit dem Auto abholen lassen. Gehen Sie zu Fuß, ergibt sich mit großer Wahrscheinlichkeit unterwegs eine Mitfahrgelegenheit bei Einheimischen. Die Anreise mit der Marschrutka setzt immer voraus, dass Sie in Maseri übernachten, wobei Sie den hier beschriebenen Talspaziergang auch noch am Abend nach der Ankunft unternehmen können, alle anderen in Maseri beginnenden Wanderungen aufgrund ihrer Länge aber erst am Folgetag.

Übernachten Sie nicht in Maseri, können Sie die verschiedenen Wanderungen, die hier starten, auch als Tagesausflug z. B. von Mestia aus unternehmen und dann von dort mit dem Taxi herkommen. ☺ Fragen Sie den Fahrer, was es kostet, wenn er für die Rückfahrt hier bzw. am Endpunkt Ihrer Wanderung auf Sie wartet. In der Regel ist eine Kombifahrt trotz langer Wartezeiten billiger als zwei Einzelfahrten.

Ausgangsort der Tour ist **Maseri** მაზერი, das oberste von insgesamt 13 Dörfern, die im Dolra-Tal die Großgemeinde Betscho bilden. Das Tal führt zum Betscho-Pass, einem historisch wichtigen Übergang zum Nordkaukasus, weshalb die Talschaft früher große Bedeutung als Handelszentrum hatte. Die Talschaft zählt heute 700 Einwohner, von denen 160 in Maseri leben. Betscho liegt an der Landstraße Sch 7, 18 km vor Mestia.

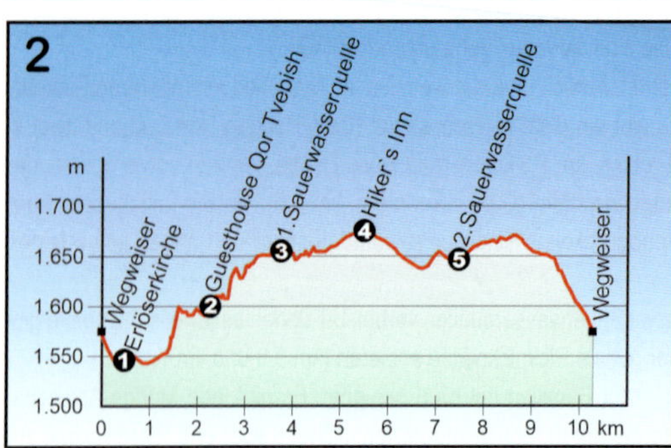

Maseri liegt dort, wo das Dolra-Tal am breitesten ist, und wird deshalb großflächig von herrlichen Heu- und Weidewiesen umgeben. Der Ort gehört allein wegen der Umgebung zu den schönsten in Swanetien, kann aber nicht mit intakten Wehrtürmen aufwarten. Erhalten sind lediglich Ruinen von zwei Türmen.

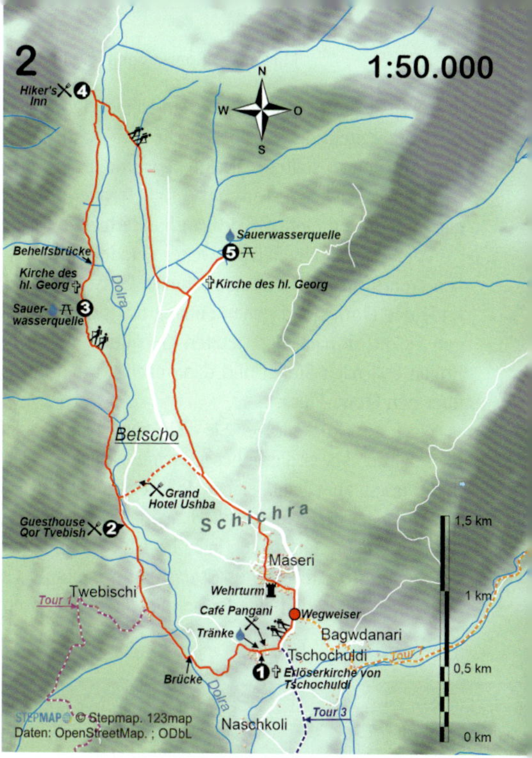

Dabei liegt Maseri nicht nur einfach inmitten irgendwelcher Berge, sondern direkt am südlichen Wandfuß des Uschba (4.710 m), also des wildesten und bekanntesten Berges des gesamten Gebirges, der wegen seines Nimbus gerne als „Matterhorn" des Kaukasus bezeichnet wird.

Maseri ist außerdem für seine Sauerwasserquellen bekannt, die rings um das Dorf liegen. Das stark eisenhaltige Mineralwasser besitzt viel natürliche Kohlensäure und hält auch abgefüllt in der Flasche lange seinen Geschmack.

Die Wanderung beginnt am **Wegweiser** nahe der Schule etwas unterhalb von Maseri. Von hier folgen Sie der Asphaltstraße 250 m bergab und biegen rechts in das Dorf Tschochuldi ab. Nach 100 m passieren Sie hier das ✕ **Guest House and Café Pangani**. Die Familie Pangani hat auch den Schlüssel zu der Kirche, die Sie nach weiteren 50 m links erreichen. Die Hausfrau backt wirklich leckeren Kuchen und so bietet es sich nach der Kirchenbesichtigung an, im Hof oder auf der Veranda des Bauernhauses der Panganis ein zweites Frühstück einzulegen.

✕ Café Pangani, saisonal und ohne feste Öffnungszeiten

Anschließend erreichen Sie den kleinen Dorfplatz mit Tränke. Direkt südlich des Platzes steht die ✞ **Erlöserkirche von Tschochuldi ❶**, deren Besichtigung Sie nicht versäumen sollten. Die Kirche wurde im 13. Jh. von einem örtlichen Künstler ausgemalt. Die Fresken sind gesichert, aber noch nicht restauriert, sodass man einen originalen Eindruck der jahrhundertealten Farben bekommt.

Vom Dorfplatz gehen Sie weiter geradeaus, rechts an dem zur Hälfte erhaltenen Wehrturm vorbei, in eine schmale Gasse. Durch diese erreichen Sie bald das Ende des Dorfes und gehen entlang der sich anschließenden Zäune. Dabei biegen Sie 70 m nach dem letzten Gebäude links ab und gehen in einem großen Bogen erst nach Süden und dann nach Westen über die Heuwiesen zur **Brücke über den Dolra-Fluss**.

Nach der Brücke folgen Sie nicht dem Hauptweg links, sondern dem schmalen Pfad halb rechts in die hohen Haselnusssträucher hinein. Sie steigen durch Wald und Wiesen, zum Teil in einem Hohlweg, zum Dorf Twebischi auf und haben dabei immer wieder herrliche Ausblicke auf das Tal und den Uschba. Twebischi erreichen Sie nach 500 m und laufen immer nach Norden längs hindurch. Das letzte Haus des lang gestreckten Dorfes ist das neu gebaute ✕ **Guesthouse Qor Tvebish ❷**, in dem Sie bei Bedarf eine Pause mit kalten Getränken machen können.

Heueinfahrt bei Tschochuldi

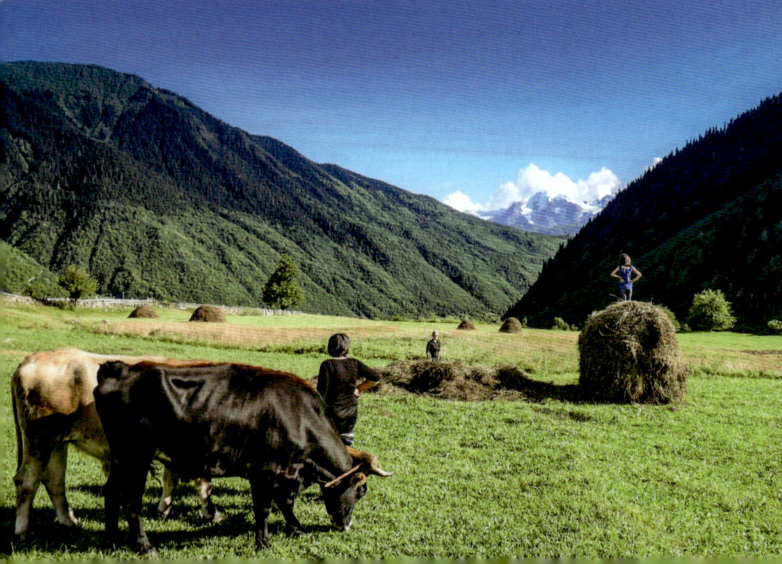

✕ Café/Getränkeausschank im Guesthouse Qor Tvebish, Betscho (Ortsteil Twebischi), ☏ +995/598 59 99 30 (Englisch) und +995/599 42 47 78 (Russisch), qortvebish@gmail.com, saisonal und ohne feste Öffnungszeiten

Kurz nach Twebischi kommen Sie wieder zu einer **Brücke über den Fluss Dolra**.

Auf der anderen Seite des Flusses befindet sich hier unweit das ✕ **Grand Hotel Ushba**, wo Sie tagsüber ebenfalls zu Getränken oder Kaffee und Kuchen einkehren könnten. Der Name des Hotels ist nicht ganz ernst gemeint, aber ein Stück weit Programm. Der polyglotte Mitinhaber Richard Bærug spricht u. a. sehr gut Deutsch und ein Besuch lohnt schon wegen der englischsprachigen Bücher, die der Norweger über Swanetien geschrieben hat und die Sie hier kaufen können. Wenn Sie vorbestellen, können Sie, auch wenn Sie kein Hotelgast sind, hier zu Abend essen.

✕ Café/Restaurant im Grand Hotel Ushba, Betscho (Ortsteil Twebischi/Maseri), ☏ +995/599 90 32 01 und +371/29 23 75 24, info@grandhotelushba.com, saisonal und ohne feste Öffnungszeiten, Abendbrot auf Vorbestellung

Ihr Weg führt aber nicht auf die andere Seite, sondern Sie gehen an der Brücke weiter geradeaus und erreichen nach 1,4 km die erste **Sauerwasserquelle** der Wanderung ❸. Die Quelle ist holzgefasst und Sitzbänke laden zum Verweilen ein. Kurz nach der Quelle kommen Sie an der an historischem Ort wieder errichteten ✝ **Kirche des hl. Georg** vorbei.

800 m nach der Quelle erreichen Sie einen **Zufluss des Dolra**, der bei hohem Wasserstand nicht ohne Brücke überquert werden kann. Einheimische errichten jedes Jahr eine Behelfsbrücke, die dann bei der Schneeschmelze im Folgejahr wieder verloren geht. Sollten Sie hier stehen und noch keine Brücke aufgebaut sein, gehen Sie kein Risiko ein und kehren Sie zurück zur letzten Dolra-Brücke. Von dort können Sie auf kurzem Weg zurück nach Maseri wandern. Dazu gehen Sie über die Brücke und folgen dem Weg am Grand Hotel Ushba vorbei 500 m hinauf zum Hauptfahrweg des Tals. Auf diesem laufen Sie rechts nach Maseri.

Nach Querung des Nebenflusses gehen Sie weiter immer nach Norden bis zur nächsten Brücke über den Dolra. Auf diesem kurzen, nur knapp 700 m langen

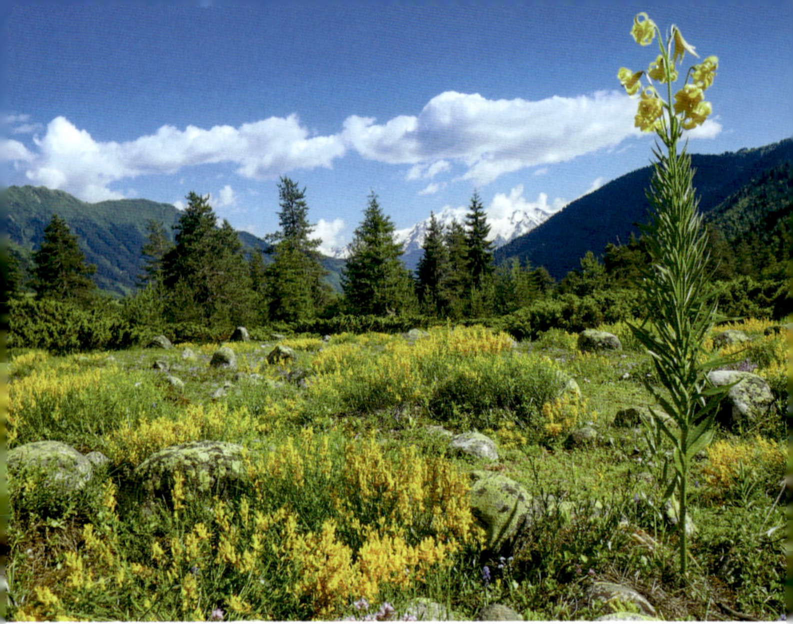

Ginsterblüte im Dolra-Tal

Abschnitt erreichen Sie den Rand des Tannenwaldes und im Juni, wenn hier der Ginster blüht, verwandeln sich die Lichtungen zwischen den Bäumen in gelbe Blütenteppiche.

Vom Abzweig zur Brücke sind es nur ein paar Schritte zum ✕ **Hotel und Café Hiker's Inn ❹**, bei dem Sie sich in Hängematten zwischen Bäumen ausruhen und auch herzhaft essen können. Es ist also der beste Ort fürs Mittagessen und die Siesta. Hotel und Café werden von denselben Inhabern betrieben wie das Guesthouse Qor Tvebish.

✕ Café Hiker's Inn, für die Kontaktdaten siehe ☞ ❷, saisonal und ohne feste Öffnungszeiten

Hier haben Sie den nördlichsten Punkt der Wanderung erreicht, gehen ein Stück zurück und nun erst über die **Dolra-Brücke** nach Osten und dann auf der anderen Flussseite in südliche Richtung zurück Richtung Maseri. Dort laufen Sie auf breitem Fahrweg anfangs durch lichten Wald bis zur Ruine einer alten sowjetischen Touristenstation und ab da über ausgedehnte Weidewiesen, wobei Sie immer die schneebedeckten Berge der Swanischen Kette mit ihrem höchsten Gipfel Laila (4.009 m) vor Augen haben.

1,3 km nach der letzten Dolra-Brücke biegen Sie links in einem Bogen vom Hauptweg ab und gehen zur nahen **Sauerwasserquelle ❺**, der zweiten auf Ihrer Wanderung. Die Quelle ist genau wie die erste in einem Holzumbau mit Bänken gefasst und die Frage, welche der beiden Quellen nun besser schmeckt, können nur echte Wassersommeliers beantworten.

Von der Quelle gehen Sie ein Stück auf dem Weg, den Sie gekommen sind, zurück und folgen dann entweder diesem Fahrweg weiter nach Süden oder schneiden diesen ab, indem Sie sich kurz nach der am Weg stehenden **Kirche des hl. Georg** links halten und über die Wiesen zurück nach Maseri laufen. Kurz vor Maseri stoßen Sie auf die bis hier asphaltierte Talstraße und folgen dieser bis oberhalb des Dorfes. Hier nehmen Sie den **Abzweig** nach rechts unten ins Dorf hinein. In Maseri befinden sich kurz nach dem **Dorfbrunnen** rechts die Reste eines Wehrturmes, der einst zu den Besitzungen der Dadeschkeliani-Fürsten gehörte (☞ Tour Nr. 1, Die Fürsten Dadeschkeliani). Am Ende des Dorfes stoßen Sie wieder auf die asphaltierte Talstraße und gehen auf dieser rechts zum Ausgangspunkt der Rundtour.

Dorfstraße von Maseri

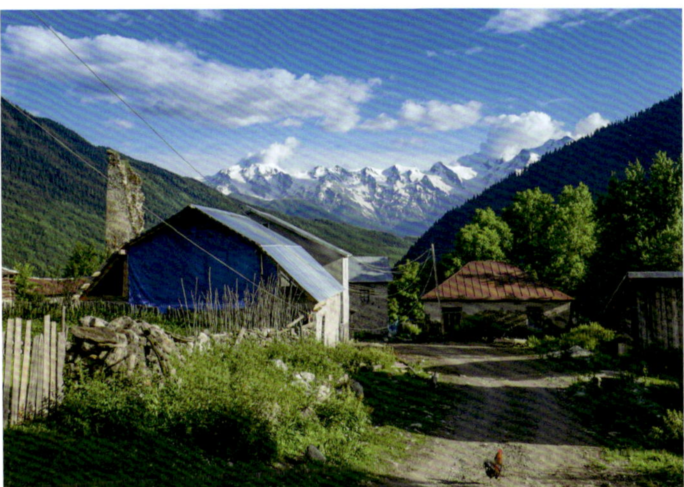

③ Von Maseri nach Latali (via Bali-Pass)

Tour für „Grenzgänger"

Die vergleichsweise kurze Wanderung fordert nur moderate Anstrengungen. Dabei bietet sie trotzdem das volle Programm einer klassischen Bergwanderung in Swanetien: abwechslungsreiche Landschaft mit einem Passübergang, Bergwiesen, verschiedene Ausblicke und die Möglichkeit, ein traditionelles swanisches Wohnhaus samt Turm sowie gleich mehrere Kirchen zu besichtigen. Dabei überschreiten Sie eine Grenze. Aber keine Sorge, es ist keine Staats-, sondern eine Dialektgrenze. Also Ohren auf!

→ Start: Wegweiser an der Schule von Maseri, GPS N 43°04.250' E 042°36.709'; Ziel: Erlöser-Himmelfahrts-Kirche in Latali (Ortsteil Mazchwarischi), GPS N 43°00.831' E 042°37.516'

9,7 km

3 Std.

↑↓ 429 m/682 m

⇧ 1.325-1.718 m

nicht (!) durchgängige rot-weiße Markierungen, mehrere Wegweiser

Anfangs ein Stück Asphaltstraße, sonst Waldwege, Pfade über Wiesen und unbefestigte Dorfwege; unterwegs keine Quelle; Aufstieg größtenteils in schattigem Wald. Teilweise verläuft sich der Pfad und in diesem Wegabschnitt fehlt die Wegmarkierung komplett, sodass Sie guten Orientierungssinn benötigen. GPS ist unbedingt empfohlen.

keine Einkehrmöglichkeiten

Eine Rast bietet sich an einem großen Stein vor dem letzten Anstieg zum Bali-Pass bei km 5,2 an.

Kiosk am Ende der Wanderung

Die Tour ist nur für ältere Kinder geeignet. Im Aufstieg zum Pass ist das Gelände recht abwechslungsreich, auf der anderen Seite wartet aber ein langer Abstieg an einem Stück. Das Highlight für Kinder ist die Besteigung des Wehrturms. Aber Vorsicht auf den Holzleitern!

für die Anfahrt nach Maseri ☞ Tour Nr. 2

Für die Anfahrt nach Maseri ☞ Tour Nr. 2. Nach Latali gibt es keinen öffentlichen Nahverkehr. Um nach der Wanderung von Latali zurück nach Maseri oder Mestia zu kommen, bleibt also nur ein Taxi. Um sich ein Taxi vermitteln zu lassen, fragen Sie im Kiosk am Ende der Wanderung oder bei Einheimischen auf der Straße. Nach Mestia können Sie es außerdem mit Autostopp versuchen. Da Latali direkt an der viel befahrenen Landstraße Sch 7 liegt, haben Sie gute Chancen, dass das recht schnell klappt.

Dorf-zu-Dorf-Wanderung; mögliche Tourenkombination: mit Wanderung Nr. 4.

Die Wanderung beginnt an dem **Wegweiser** unterhalb von Maseri (für Informationen über den Ort ☞ Tour Nr. 2). Von hier folgen Sie der Straße talauswärts 1,8 km bis zur Brücke über den Cheldra, einen Zufluss des Dolra, und über diese hinweg noch einmal 300 m weiter bis zu einem **Abzweig nach links ❶**, den Sie nehmen. Von hier gehen Sie jetzt auf einem schmalen von Zäunen gesäumten Dorfweg zu den oberen Häusern des Ortsteils Uschchwanari.

In Uschchwanari gehen Sie an der kleinen ✝ Kirche des hl. Georg links. Nach 75 m befindet sich links der einzige vollständig intakte Wehrturm des ganzen Dolra-Tals. Er gehört zum ⌘ **ethnografischen Hausmuseum** der Familie Kwiziani, die die beiden Obergeschosse des Turms in Eigenleistung rekonstruiert hat und diesen nun gerne Touristen zeigt. Rufen Sie einfach am Gartentor!

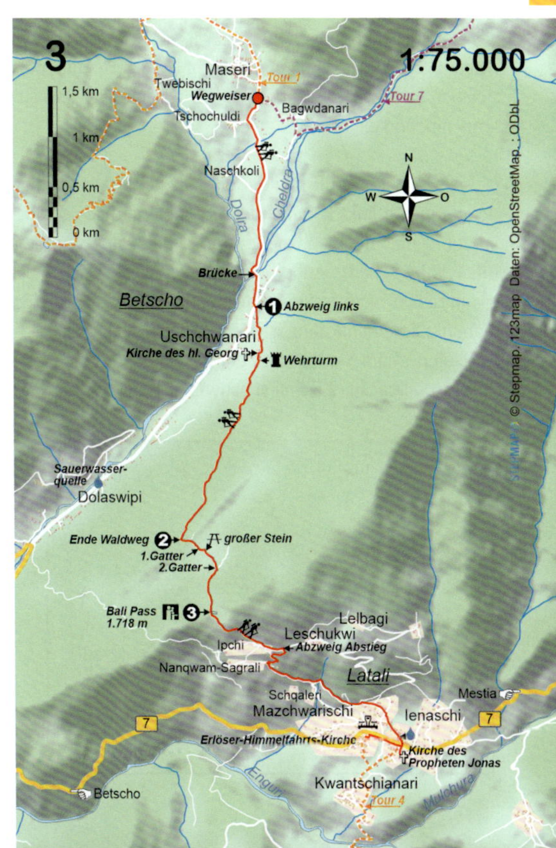

Sie können den Turm besteigen und den alten Matschubi, die traditionelle Winterwohnung eines Swanenhauses, besichtigen.

⌘ privates ethnografisches Hausmuseum, bei Anwesenheit der Inhaberfamilie, Eintritt GEL 5 pro Person

Um Ihre Wanderung fortzusetzen, folgen Sie dem Weg vom Anwesen der Familie Kwiziani weiter immer leicht ansteigend aus dem Dorf hinaus. Dann beginnt ein Weg durch Laubwald, der langsam, aber stetig die Talflanke hinauf auf einen kleinen Bergrücken führt. 1,8 km nach dem Dorf erreichen Sie das **Ende des Waldwegs ❷.**

Von der Kuppe gehen Sie zwischen hohen Haselnusssträuchern ein Stück leicht bergab und gelangen so in ein flaches Hochtal mit großen, im Juni blumenreichen Heuwiesen. Sie queren das gesamte Tal und steigen auf der Gegenseite zunehmend steil an.

Im Tal verläuft sich der eigentliche Weg manchmal kurzzeitig und erst verleitet ein von **links kommender Trampelpfad** (hier gerade aus gehen) dazu, falsch abzubiegen, und dann noch einmal ein **von rechts kommender breiterer Weg** (hier links gehen). Außerdem trennen die Wiesen ein Waldstück und mehrere Baumreihen, sodass Sie nicht immer freie Sicht auf den nächsten Wegabschnitt haben. Die Orientierung ist hier also nicht ganz leicht. Sie können sich aber nicht verlaufen, wenn Sie während der gesamten Querung des Tals immer die Richtung Südost halten. Im Zweifel schauen Sie bitte auf Ihr GPS-Gerät.

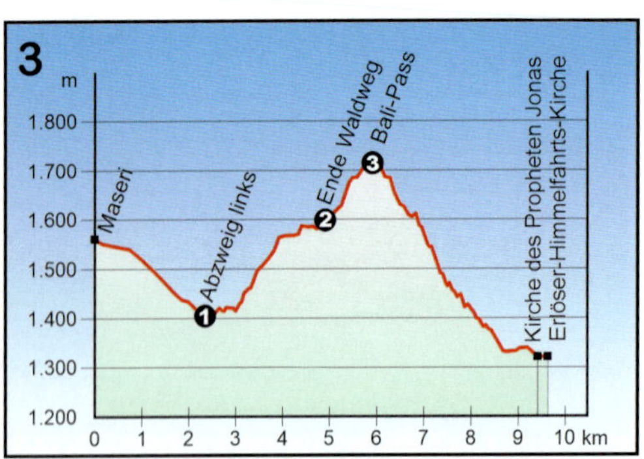

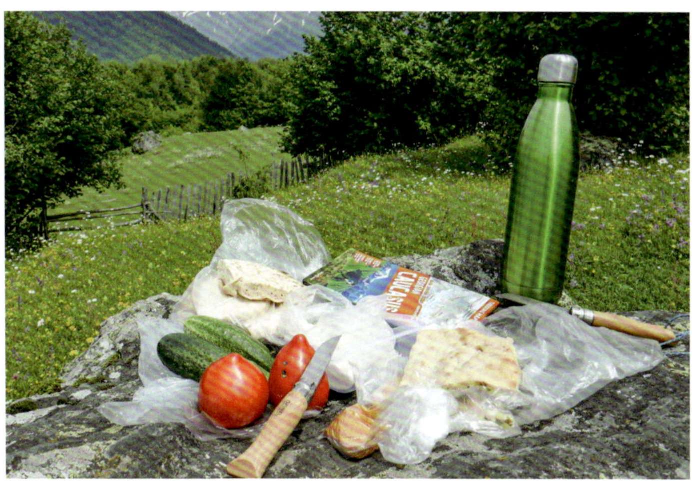

Picknick auf dem Weg zum Bali-Pass

Kurz nachdem Sie am letzten „falschen Weg" links gegangen sind, biegen Sie rechts ab und gehen durch ein **Gatter** in der Baumreihe.

Gleich nach dem Gatter kommt ein großer Stein, der sich gut als **natürlicher Picknickplatz** eignet. Ringsum haben Sie hier die schönste Wiese und nach Norden einen herrlichen Blick auf die Berge Maseri-Tau und Uschba im Kaukasushauptkamm sowie nach Süden auf die Berge der Swanischen Kette.

Von hier beginnt der letzte Aufstieg zum Pass. Sie gehen weiter über die Wiese und erreichen kurz vor dem Waldrand ein **zweites Gatter**. Kurz danach treffen Sie auf einen breiteren, unbefestigten Wirtschaftsweg, dem Sie nach rechts zum nahen Pass folgen.

Auch vom **Bali-Pass (1.718 m) ❸**, den Sie nach knapp zwei Drittel der Wegstrecke erreichen, haben Sie schöne Ausblicke nach Norden und vor allem nach Süden in das Enguri-Tal.

Kleine Dialektkunde

Wie viele der fast 40 kaukasischen Sprachen gliedert sich auch Swanisch in mehrere, nämlich insgesamt fünf, Dialekte. Hier in Oberswanetien gibt es zwei verschiedene Dialekte und ihre Grenze bildet der nördlich vom Enguri-Tal liegende

Bal-Berg, über dessen südliche Ausläufer der Bal-Pass führt. Das oberhalb, also von hier östlich, im Enguri-Tal gesprochene Swanisch wird Oberbalisch und umgekehrt das talauswärts gesprochene Swanisch Niederbalisch genannt.

Der auffälligste Unterschied zwischen beiden Dialekten ist der große Vokalreichtum des Oberbalischen. Dieser Dialekt verwendet neben den Grundvokalen nicht nur alle möglichen Umlaute, sondern bildet von diesen dann noch kurz und lang ausgesprochene, bedeutungsunterscheidende Varianten.

Wegen der in anderen kaukasischen Sprachen nicht vorkommenden Umlaute wird Swanisch von georgischen Sprachwissenschaftlern scherzhaft auch gerne als „das Deutsch" des Kaukasus bezeichnet.

Der kleine Sprachführer im Infoteil des Buches ist im oberbalischen Dialekt verfasst.

Vom Pass gehen Sie erst leicht und dann zunehmend steiler bergab. Nach nur 600 m Abstiegsweg, zuletzt durch einen Hohlweg, erreichen Sie schon die oberen Häuser der Großgemeinde Latali. Allerdings gehören diese Häuser zum äußeren Ortsteil Ipchi, von dem aus Sie noch einen ordentlichen Abstieg vor sich haben.

Der Zielort der Wanderung, die Gemeinde **Latali** ლატალი, liegt im Enguri-Tal 10 km vor Mestia. Die Talschaft besteht insgesamt aus elf Ortsteilen, von denen Ienaschi, das neben Mazchwarischi direkt an der Landstraße Sch 7 liegt, das Gemeindezentrum bildet. Insgesamt gibt es fast 800 Einwohner.

Historisch war Latali der westlichste Grenzort des Freien Swanetien und entsprechend gut befestigt. Vom Kampf gegen die Übergriffe der Fürsten des benachbarten Dadeschkeliani-Swanetiens zeugen bis heute die zahlreichen Wehrtürme.

Bei diesem jahrhundertelangen Freiheitskampf half nicht zuletzt ein starker Glaube. Die stolzen Lataler sagen, sie haben mehr Kirchen als Wohnhäuser. Und es sind tatsächlich viele. Insgesamt 25 Kirchen und Klöster machten Latali früher zum religiösen Zentrum Swanetiens.

Die zwei bedeutendsten dieser Kirchen befinden sich am Ende der hier beschriebenen Wanderung und werden nachfolgend noch genannt.

Nachdem Sie Ipchi erreicht haben, gehen Sie zunächst am oberen Ortsrand entlang, bevor Sie auf dem ebenen Wanderweg nach 300 m den **Abzweig für den Abstieg** nach rechts erreichen. Einen ersten Abzweig davor ignorieren Sie.

Dieser führt zwar auch zum Ziel, aber durch Brennnesseln. Die meisten der alten Häuser, die hier oben weit weg von der Straße liegen, sind lange verlassen und nun pittoreske Ruinen.

Der Abstieg beginnt relativ steil über eine Serpentine mit vier Kehren, die am Rand des Ortsteils Nanqwam-Sagrali enden, und führt von dort mit zum Schluss mäßigerem Gefälle und auf durchweg breiterem Fahrweg oberhalb an Schqaleri vorbei und dann nach unten an die **Landstraße Sch 7**. Abzweige nach links und rechts ignorieren Sie. Kurz vor der Straße gibt es links eine **Quelle**. Es ist kein Mineral-, aber gutes Quellwasser zum Trinken.

Die Landstraße erreichen Sie im Ortsteil Ienaschi, wo sich gleich gegenüber auf der anderen Seite der Straße nur 100 m entfernt die **Kirche des Propheten Jonas** befindet. Wenn Sie Zeit haben, sollten Sie die Kirche unbedingt besichtigen. Im Innern erwarten Sie Fresken aus dem 14. Jh. und wertvolle sakrale Kunstgegenstände. Wegen dieser Schätze ist ständig ein Polizist in einem kleinen Wachhaus vor dem Eingang zum Kirchengelände postiert. Bei ihm können Sie auch nach dem Schlüssel für die Kirche fragen.

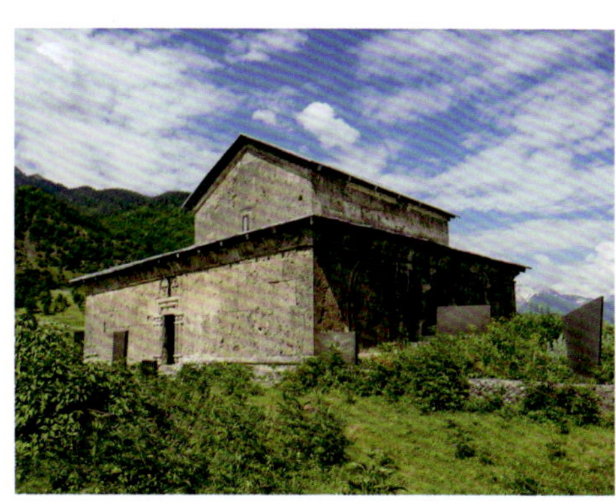

Kirche des Propheten Jonas in Latali

Von der Kirche gehen Sie zurück zur Landstraße Sch 7 und laufen auf dieser links in den von Ienaschi 400 m entfernten Nachbarortsteil Mazchwarischi, in dem sich mit der **Erlöser-Himmelfahrts-Kirche** eine weitere bedeutende Kirche befindet. Sie ist Namensgeber für den ganzen Ortsteil (Erlöser = *mazchowari*) und hat Fresken aus dem 12. Jh. Die Kirche liegt auf einem Hügel links der Straße. Im **Kiosk** (saisonal und ohne feste Öffnungszeiten), der kurz vor dem Abzweig zur Kirche rechts an der Straße liegt, können Sie fragen, wann der nächste Gottesdienst stattfindet. Die andere Kirche direkt gegenüber der Erlöser-Himmelfahrts-Kirche, vom Abzweig linksseitig, ist die Erzengelkirche von Mazchwarischi.

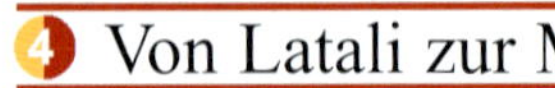

4 Von Latali zur Mcheri-Kirche

Tour für alpine Pilger

Die Wanderung besteht größtenteils aus einem langen, steilen Auf- und Abstieg durch Wald. Was dem Weg unterwegs an Abwechslung fehlt, kompensiert dann aber ein unglaublich spektakuläres Tourenfinale. Sobald Sie die Waldgrenze überschritten haben, sehen Sie im Norden den Kaukasushauptkamm und wenig später am Ziel der Wanderung, einer abgelegenen Kirche auf dem Berg Mcheri, erweitert sich dieser Blick zu einem fantastischen 360°-Panorama. Die kleine Kirche, zu deren Feiertag einmal im Jahr die Einwohner von Latali pilgern, bietet eine in Swanetien einmalige Aussicht nach allen Seiten. Eine vergleichbare Rundschau haben sonst nur Bergsteiger von exponierten Gipfeln.

Start: Landstraße Sch 7 in Latali (Ortsteil Ienaschi), GPS N 43°00.786' E 042°37.801'; Ziel: Kiosk an der Landstraße Sch 7 in Latali (Ortsteil Mazchwarischi), GPS N 43°00.851' E 42°37.571'

16,2 km

5 Std. 30 Min.

1.596 m/1.632 m

1.196-2.476 m

einige Wegweiser, nur sporadisch rot-weiße Wegmarkierungen; Orientierung trotzdem unproblematisch

Unten sind unbefestigte Dorfwege, dann ein steiler, langer Waldpfad, z. T. in Hohlwegen, dort ist es nach und bei Regen rutschig. Oberhalb der Baumgrenze Pfade über Wiesen. Außer einer Quelle ganz am Anfang der Tour gibt es unterwegs kein Wasser! Auf- und Abstieg sind überwiegend schattig.

keine Einkehrmöglichkeiten

Sitzgelegenheit unter Baum (km 2,6 und 13,7). Eine längere Rast bietet sich an der Mcheri-Kirche, dem höchsten Punkt der Wanderung, bei km 8 an.

Kiosk am Ende der Tour

Der lange, steile und vergleichsweise wenig abwechslungsreiche Auf- und Abstieg macht die Tour für Kinder nicht empfehlenswert. Bei Nässe ist es wegen der Rutschgefahr in den Hohlwegen sogar gefährlich.

Es gibt keinen öffentlichen Nahverkehr nach Latali. Es besteht aber die Möglichkeit, sich bei der Anreise von Kutaisi nach Mestia absetzen zu lassen. Dann müssen Sie schon vor der Abfahrt in Kutaisi dem Fahrer der Marschrutka Bescheid sagen, dass er hier für Sie stoppen soll. Das funktioniert natürlich nur, wenn Sie in Latali übernachten und erst am nächsten Tag wandern wollen.

Übernachten Sie nicht in Latali, können Sie am Tag der Wanderung, z. B. von Maseri oder Mestia aus, mit dem Taxi kommen. Für die Fahrt zurück ☞ Tour Nr. 3.

Die Wanderung beginnt in Latali im Ortsteil Ienaschi an der **Landstraße Sch 7** am Abzweig zur Kirche des Propheten Jonas. Die Kirche ist eine von zwei berühmten Kirchen in Latali (für Informationen zur Großgemeinde Latali, ihren Ortsteilen und den beiden Kirchen ☞ Tour Nr. 3).

Von der Straße gehen Sie immer in südwestlicher Richtung erst rechter Hand an der ✞ Kirche des Propheten Jonas vorbei, nehmen dann nach 150 m bei der Weggablung den rechten Abzweig und folgen dem schmalen Weg aus dem Dorf hinaus.

Unterhalb des Ortsteils Ienaschi treffen Sie auf einen Dorfweg, der rechts zurück zur Landstraße Sch 7 führt, und kurz danach auf eine **Kreuzung**. Den einmündenden Dorfweg ignorieren Sie, nehmen an der Kreuzung den Weg links und gehen in südlicher Richtung weiter bergab zwischen Gartenzäunen durch die äußeren Häuser des Ortsteils Kwantschianari. Hier gibt es direkt am Weg eine 💧 **Quelle** mit gutem Trinkwasser.

Nach den letzten Häusern führt eine staubige Schotterpiste in einer spitzen Kehre hinunter zum Enguri. Sie gehen über die **Brücke** ❶ und folgen dem Fahrweg auf der anderen Seite jetzt in zwei Kehren hinauf zum südlichsten und kleinsten Ortsteil von Latali, dem Weiler Lahili.

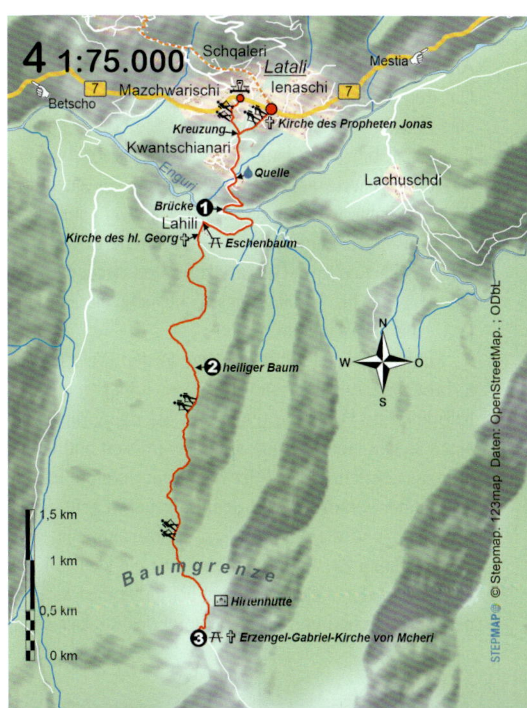

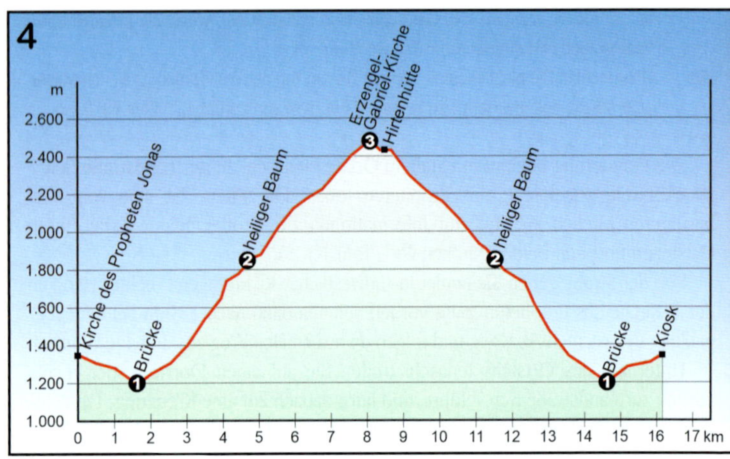

Unterhalb von Lahili verlassen Sie den breiten Fahrweg nach links. Am **Abzweig** steht unweit historischer Ruinen ein großer, alter, knorriger Eschenbaum. Um den Stamm liegen ein paar große Steine, die sich als Sitzgelegenheit für eine Pause anbieten. Von hier haben Sie noch einmal eine schöne Aussicht in das Enguri-Tal, bevor der lange Aufstieg im fast blickdichten Wald beginnt.

Vom Abzweig gehen Sie entlang an Gartenzäune an Lahili vorbei Richtung Wald. In Lahili wohnen gerade einmal zwei Familien. Die kleine Kirche oberhalb der Häuser links am Weg ist die **Kirche des hl. Georg**. Der frühere Kirchenschatz, die Erzengel-Gabriel-Ikone von Mcheri, ein herausragendes Kunstwerk aus dem 13. Jh., ist allerdings nicht mehr hier, sondern im Swanischen Museum in Mestia zu bestaunen.

Kurz nach Lahili führt der Weg in den Wald und es beginnt der lange, ununterbrochene Aufstieg zum 1.150 m höher gelegenen Tagesziel. Den Abzweig halb links am Waldrand ignorieren Sie dabei. Im Wald führt der Weg erst durch einen steilen Hohlweg auf einen Bergrücken und dann über diesen bis zur Waldgrenze. Bei den beiden Abzweigen im unteren Teil des Aufstiegs gehen Sie einfach immer geradeaus. Auf dem Bergrücken geht der Laubwald langsam in Nadelwald über und die erste größere Nordmanntanne gilt bei den Einheimischen als **heiliger Baum ❷**. An ihrem Stamm ist ein kleines Kreuz angebracht. Im weiteren Aufstieg ist der Wald manchmal lichter, sodass es einige schöne Durchblicke auf den Berg Uschba und weitere Gipfel des Kaukasushauptkamms gibt.

Die **Baumgrenze** erreichen Sie in einer Höhe von 2.350 m und jetzt beginnt das aussichtsreiche letzte Wegstück bis zum Ende des langen Bergrückens mit seiner Kirche. Dabei folgen Sie dem Pfad zuletzt durch ein paar alte Birken und dann durch Rhododendronmatten und Gebirgswiese.

Die **Erzengel-Gabriel-Kirche von Mcheri** (2.475 m) ❸ steht an einem einmaligen Ort mit besonders exponierter Lage. Im Norden der Bergkuppe erstreckt sich das Enguri-Tal vor dem Kaukasushauptkamm und im Süden erhebt sich das Laila-Massiv der Swanischen Kette. Der Rundblick ist einzigartig und lässt alle Mühen des Aufstiegs vergessen. Es ist ein guter Platz für eine längere Rast. Sitzen können Sie auf verschiedenen historischen Mauerresten rings um die Kirche.

Die Kirche ist unverschlossen und kann besichtigt werden. Sie stammt aus dem Hochmittelalter und gehörte, wie die vielen Mauerreste anderer Gebäude in der Umgebung zeigen, zu einem kleinen Klosterkomplex. Dieser war wahrscheinlich eines der höchst gelegenen Klöster, die je gebaut wurden.

Blick vom Mcheri-Bergrücken nach Mestia

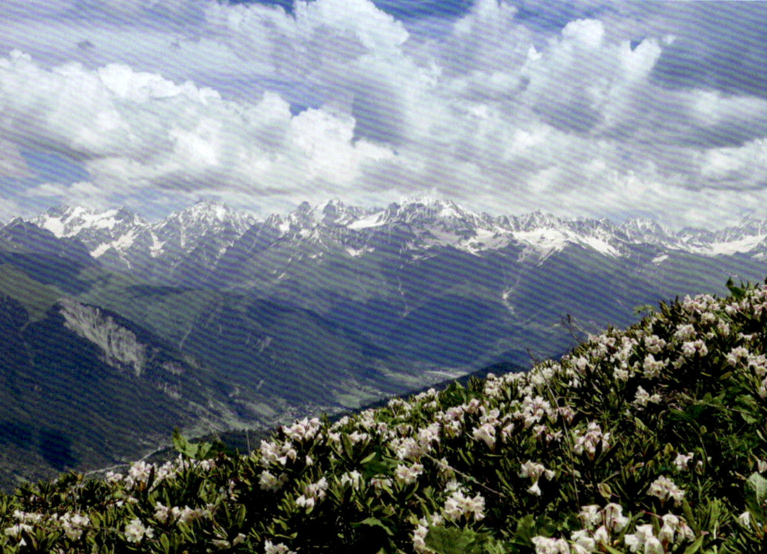

Nach der Legende wurde die Kirche errichtet, indem die Einwohner von Latali vom Tal bis zum Berg Mcheri eine Menschenkette für die Mauersteine bildeten. Bei der Rekonstruktion der Kirche wurde das Baumaterial allerdings mit dem Hubschrauber antransportiert.

Der besondere Ort mit seiner nun wieder intakten Kirche ist bis heute allen Latalern heilig und jedes Jahr pilgern sie Ende Juli am letzten Montag vor Kwirikoba (☞ Volksreligion und Kirchen) hierher, um gemeinsam das Kirchfest Limcheroba zu begehen. Fast unglaublich scheint dabei, dass nach dem langen Aufstieg noch Kraft für Tanz und Gesang bleibt. Außerdem findet ein Pferderennen statt, das vom Plateau unterhalb der Kirche gestartet wird. Übrigens: Nach der Überlieferung wird allen Frauen der Wunsch nach einem Kind erfüllt, wenn sie an diesem Tag den ganzen Weg zur Kirche barfuß gehen.

Volksreligion und Kirchen

Die Christianisierung Swanetiens ging im 6. Jh. unmittelbar von Byzanz aus. Danach stand die Entwicklung unter dem Einfluss der georgischen Kirche. Die Abgeschiedenheit der Region hat aber die Herausbildung einer Art Volkschristentums befördert, das stark vom orthodoxen Ritus abweicht. Das zeigt sich besonders in der bis heute lebendigen Tradition von Tieropfern sowie einem besonderen Ikonen- und Totenkult. Diese, wie viele andere Riten, erinnern an vorchristliches Brauchtum, können aber auch unabhängig davon als Ausdruck besonderer individueller Aneignung des Christentums gesehen werden.

Die Mehrheit der Kirchen – um die 100 allein in Oberswanetien – wurden in der Zeit des georgischen Hochmittelalters vom 10. bis 14. Jh. gebaut. In der Regel sind es sehr kleine, selten mehr als 20 qm große Saalkirchen mit Tonnengewölbe und Richtung Osten ausgerichteter Altarapside. Mit wenigen Ausnahmen haben sie keinen äußeren Bauschmuck, überraschen innen aber oft mit wunderbaren Fresken.

Die meisten der vielen religiösen Feste in Swanetien werden im Sommer vor den Kirchen gefeiert. Sie werden von Laienpriestern, oft den Dorf- oder Clanältesten, geleitet und zeichnen sich durch große Spontanität aus. Gebet und Fürbitten werden oft von rituellen Kraft- und Geschicklichkeitsspielen, wie das Heben von großen, schweren Steinen oder Reitturnieren, und immer von Gesang und Tanz begleitet. Das größte und wichtigste Fest ist Kwirikoba. Dazu steigen am 28. Juli Pilger aus ganz Swanetien zu der auf einem Berg bei der Gemeinde Kala (10 km vor Uschguli) gelegenen Kirche des hl. Kwirike.

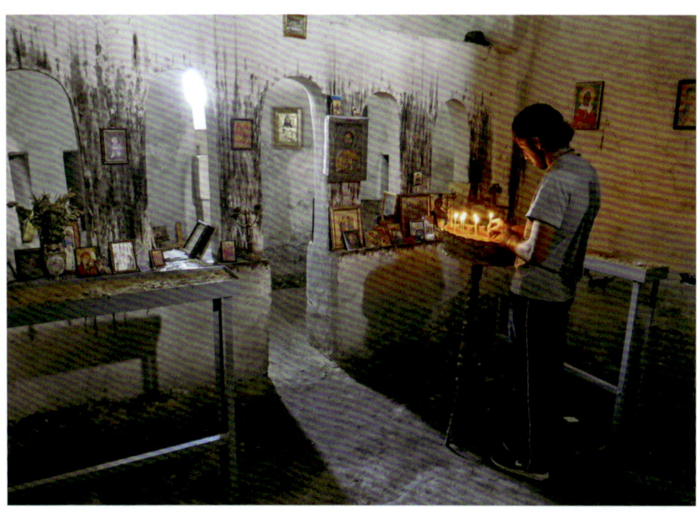

Mcheri-Kirche

Für den Rückweg vom Berg Mcheri nach Latali folgen Sie dem Weg, den Sie im Aufstieg genommen haben. Es bietet sich allerdings an, oben am Anfang des Abstiegs einen kleinen Schlenker zu der **Hirtenhütte** zu machen, die sich auf dem Plateau wenig unterhalb der Mcheri-Kirche etwas östlich vom Aufstiegsweg befindet. Von hier haben Sie eine schöne Sicht zurück auf den Berg Mcheri mit Kirche sowie auf das alles überragende, vergletscherte Laila-Massiv im Hintergrund. Zurück zum Originalweg sind es nur 150 m.

Dann gehen Sie auf dem Ihnen bekannten Weg zurück bis zu der **Kreuzung** kurz nach dem Ortsteil Kwantschianari. Hier gehen Sie jetzt nicht rechts, von wo Sie gekommen sind, sondern halb links und erreichen so den Ortsteil Mazchwarischi. Im Ort gehen Sie auf dem kleinen Dorfplatz halb rechts und erreichen die ✝ Erlöser-Himmelfahrts-Kirche, die links am Weg auf einem Hügel steht. Diese Kirche ist neben der Kirche des Propheten Jonas von Ienaschi, an der Sie Ihre Wanderung begonnen haben, die zweite kunsthistorisch bedeutende Kirche der Großgemeinde Latali (für Informationen zu beiden Kirchen ☞ Tour 3)! Ihre Wanderung endet ein Stück nach der Kirche, wo Ihr Weg bei einem **Kiosk** (saisonal und ohne feste Öffnungszeiten) wieder auf die Landstraße Sch 7 trifft.

❺ Von Maseri zu den Uschba-Wasserfällen und dem Gletscher

Tour für Alpinismusinteressierte (👪)

Die Tour folgt dem Anmarschweg der Bergsteigerroute zum berühmten Uschba-Plateau, einer Gletscherfläche im Kaukasushauptkamm, von der viele klassische Alpintouren auf die umliegenden Gipfel beginnen. Die Wanderung endet genau dort, wo die Bergsteiger ihre Steigeisen anlegen – am Beginn des gewaltigen Uschba-Gletschers.

Der Weg hierher führt über eine Talstufe mit drei beeindruckenden Wasserfällen, ist lang, steil und zum Teil ausgesetzt, aber sehr schön! Wenn Sie nicht bis zum Gletscher, sondern nur bis zum Fuß der Wasserfälle wandern, verkürzt und vereinfacht sich die Tour erheblich.

⇆ Start/Ziel: unterer Ortseingang von Maseri, gegenüber dem Mazeri Skiing Center, GPS N 43°04.337' E 042°36.723'

⮌ 21,7 km (wenn Sie nur bis zum ersten Aussichtspunkt auf die Wasserfälle gehen: 16,3 km)

⌛ 6 Std. 30 Min. (4 Std.)

↑↓ 1.485 m/1.485 m (735 m/735 m)

⇧ 1.600-2.514 m (1.600-2.057 m)

✎ rot-weiße (und parallel dazu hellblau-weiße) Markierungen, unten mehrere Wegweiser

Über eine lange Strecke schwierige Bergpfade, teilweise ausgesetzt, in Ortsnähe Schotterpisten und ein kleines Stück Asphalt, im Mittelteil guter Waldweg, oben schmaler steiler Bergpfad, z. T. in Geröll und mit einer felsigen Passage. Es gibt mehrere Bach-/Flussquerungen auf Trittsteinen. Trekkingstöcke sind unbedingt empfehlenswert. Im oberen anstrengenden Teil der Wanderung keine Quelle

✕ Einkehrmöglichkeit für Mittag oder Abendbrot im Café Hiker's Inn (km 4 und 17); da sich das eigentlich nur auf dem Rückweg anbietet, trotzdem Tagesverpflegung einpacken!

⛩ guter Rastplatz an einer Biwakstelle für Alpinisten (km 9,3 und 10,9)

👪 Wenn Sie die Tour nur bis zum Aussichtspunkt beim unteren, großen Wasserfall gehen, ist sie auch für größere, im alpinen Wandern geübte Kinder geeignet. Weiter oben ist der Weg zu schwierig.

🚌 ☞ Tour Nr. 2

☞ Tour Nr. 2. ☺ Kommen Sie mit dem Taxi, können Sie die ersten 4 km der Wanderung abkürzen, indem Sie sich nicht in Maseri absetzen, sondern bis zur großen Brücke über den Dolra, nahe dem Café Hiker's Inn, fahren lassen und die Wanderung hier beginnen.

Die Wanderung führt ins Grenzgebiet zu Russland. Für einen Tagesausflug zum Gletscher benötigen Sie aber keinen Passierschein. In der Regel müssen Sie beim Grenzposten nicht einmal Ihren Reisepass zeigen. Für alle Fälle sollten Sie ihn trotzdem mitnehmen!

Die Tour startet von der asphaltierten Talstraße am unteren Ortseingang von Maseri gegenüber vom **Mazeri Skiing Center**, der Talstation eines kleinen Tellerliftes. Von hier führt der Weg zunächst durch das ganze Dorf. Wenn Sie in Maseri übernachtet haben, können Sie also irgendwo hier in die Wanderung einsteigen (für Informationen zum Dorf Maseri ☞ Tour Nr. 2).

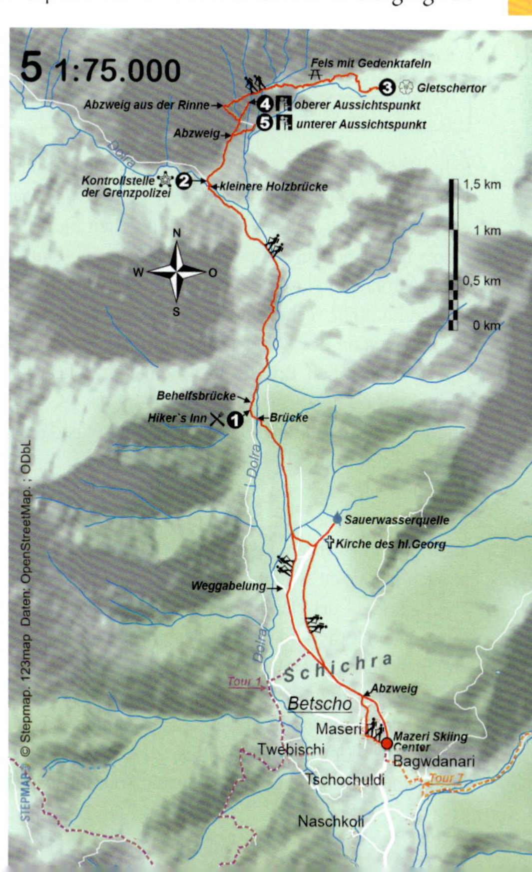

Vom Startpunkt der Wanderung folgen Sie im Dorf dem unbefestigten Hauptweg erst 250 m nach Osten und dann nach Norden, bis Sie wieder auf die asphaltierte Talstraße stoßen. An diesem **Abzweig** gehen Sie links.

Kurz nach dem Dorf endet die Asphaltdecke und die Straße führt als

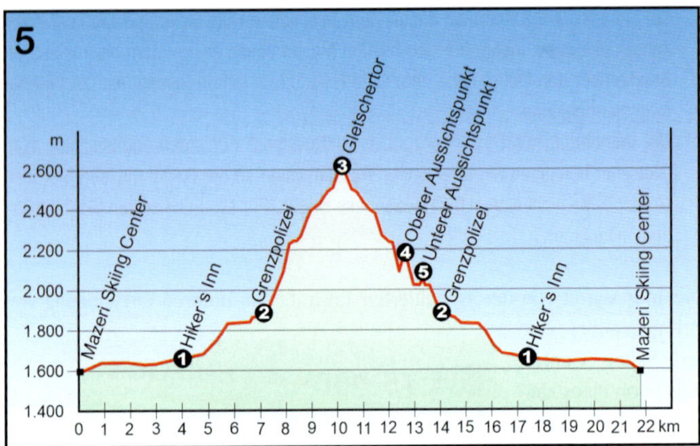

Schotterpiste weiter ins Tal hinein. Gleichzeitig beginnen rechts der Piste die weiten, grünen, Schichra genannten Weide- und Heuwiesen. Sie folgen dem Fahrweg. An der folgenden **Weggabelung** gehen Sie die weniger ausgefahrene Piste rechts und dann lange geradeaus. (Der Weg links führt zu einer Abgrabungsstelle für Baustoffe am Fluss.) Bei der nächsten Weggablung, kurz vor der großen, auffälligen Bauruine rechts am Weg, gehen Sie nicht links, sondern weiter geradeaus. Sie kommen an der Ruine vorbei in lichten Tannenwald und gehen durch diesen bis zu der **großen Brücke über den Dolra-Fluss**. Nach der Brücke gehen Sie rechts und erreichen gleich links am Weg das ✕ **Café Hiker's Inn ❶** (▯ saisonal und ohne feste Öffnungszeiten, für die Kontaktdaten ☞ Tour 2!), das sich für eine Einkehr auf Ihrem Rückweg anbietet.

Vom Café folgen Sie kurz dem breiten Waldweg nach Norden. Nach 60 m zweigt links ein schmaler Weg ab, der über eine **Behelfsbrücke im Unterholz** und nach 200 m zurück auf den Waldweg führt. Auf der Brücke gehen Sie über einen je nach Jahreszeit mitunter sehr wasserreichen Zufluss des Dolra.

Zurück auf dem Waldweg folgen Sie diesem zunächst mit zunehmender Steigung nach Norden und später flach nach Nordosten ins Dolra-Tal hinein, bis Sie zu einer **kleineren Holzbrücke über den Dolra** kommen.

Auf der anderen Flussseite nehmen Sie den Weg rechts und gehen durch ein Gatter nach oben in den Wald hinein. Von hier beginnt der Aufstieg in das nördliche Quertal des Dolra, das direkt zu den Gletschern des Kaukasushauptkamms führt. Nach nur 80 m erreichen Sie die **Kontrollstelle der Grenzpolizei ❷**, die Sie, wenn sich kein Wachposten zeigt, einfach passieren können.

Nach dem Grenzposten wird der Weg schmaler und immer steiler. Er führt erst durch Tannenwald und dann zwischen halbhohen Birken zur westlichen Talflanke. 600 m nach dem Grenzposten kommt ein **Abzweig**, der zu dem unteren von zwei Aussichtspunkten führt, die am Weg liegen und von denen Sie einen Blick auf die Uschba-Wasserfälle haben. Diesen unteren Aussichtspunkt sollten Sie unbedingt auf Ihrem Rückweg besuchen. Jetzt ignorieren Sie den Abzweig aber erst einmal und gehen weiter geradeaus.

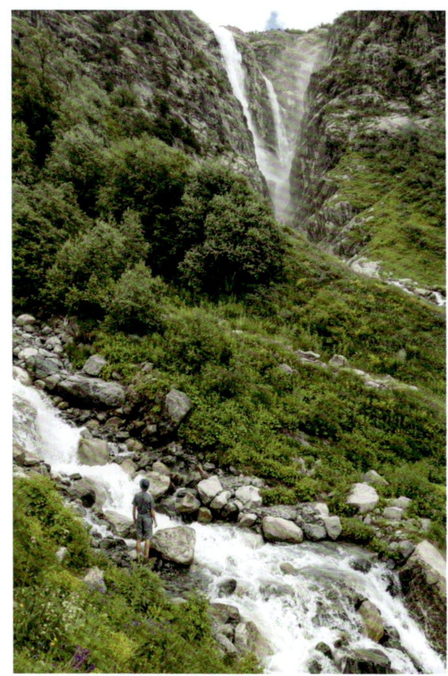

Unterer Aussichtspunkt auf die Uschba-Wasserfälle (md)

Möchten Sie nicht bis zum Gletscher gehen, sondern nur die Wasserfälle anschauen, nehmen Sie gleich jetzt diesen Abzweig, gehen direkt zum Aussichtspunkt ❺ und steigen dann auf dem Weg, den Sie gekommen sind, wieder ganz zurück ins Tal.

Auf dem Weg weiter Richtung Gletscher ist das Gelände hier steil und steinig und im Frühsommer kann noch Restschnee von Lawinen liegen. Nach 150 m biegt der Weg links ab und gleich nach der Biegung gibt es rechts einen weiteren **Abzweig**, der zu dem oberen Aussichtspunkt auf die Uschba-Wasserfälle führt. Auch diesen Aussichtspunkt besuchen Sie am besten auf Ihrem Rückweg.

Weiter zum Gletscher folgen Sie dem Weg, der von der Biegung erst in kleinen Serpentinen und dann gerade in einer Rinne die steile Westflanke des Tals

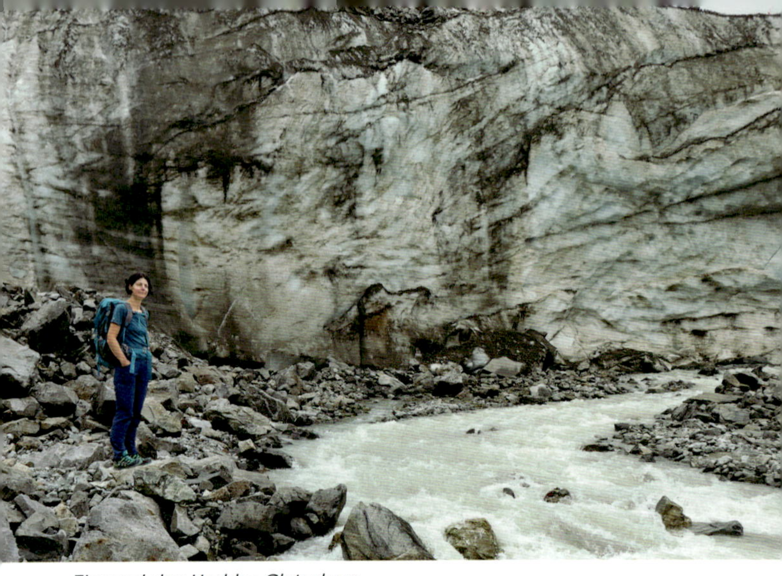

Eiswand des Uschba-Gletschers

hinaufführt. Nach knapp 300 m (in einer Höhe von 2.230 m) verlassen Sie die Rinne rechts über ein kurzes felsiges Wegstück.

☝ Obwohl der **Abzweig aus der Rinne** durch Wegzeichen markiert ist, kann man leicht vorbeigehen, wenn man beim schweißtreibenden Aufstieg nur auf die eigenen Füße schaut!

Damit haben Sie die große Talstufe, über die sich die Wasserfälle ergießen, westlich umgangen und traversieren nun oberhalb des Felsabbruchs nach Osten in die Mitte des Hochtals. Auf dem Weg queren Sie mehrere Bach- und Flussläufe auf Trittsteinen. Auf den von kleinen Birken unterbrochenen Bergwiesen blühen im Juni massenhaft Lilien.

In der Talmitte angekommen führt der Weg auf der rechten Seite des Gletscherflusses (in Laufrichtung links) durch lichte, kleine Birken und dann durch Geröll bis zur Gletscherzunge.

Unterwegs passieren Sie direkt am Weg einen **Fels mit vielen Gedenktafel**n für verunglückte Bergsteiger. Der Fels markiert zugleich eine bekannte Lagerstelle für Bergsteiger. Ringsum gibt es mehrere Stellplätze für Zelte und improvisierte Kochstellen. Der Fels bietet sich deshalb auch für Sie als ⛩ **Picknickplatz** an.

Am Fels endet die rote Markierung des Wanderwegs und es beginnt hochalpines Terrain. Sie können dem Weg ab hier aber trotzdem noch ein Stück folgen und bis zum **Gletschertor ❸** des Uschba-Gletschers gehen.

Oben auf der mächtigen Eiswand der Gletscherfront liegen große Steine und Felsbrocken, die jederzeit herunterfallen können. Gehen Sie also nicht zu nahe an das Gletschertor heran!

Zurück ins Tal folgen Sie zunächst dem Weg, den Sie gekommen sind, wieder nach unten, sollten aber die beiden Abstecher zu den Aussichtspunkten noch unternehmen, an deren Zustiegen Sie schon beim Aufstieg vorbeigekommen sind.

☺ Wenn Sie nur noch Kraft für einen Abstecher haben, lassen Sie den oberen ausfallen, denn der untere ist spektakulärer und weniger anstrengend.

Am **Abzweig zum oberen Aussichtspunkt** angekommen biegen Sie links ab und steigen steil bergauf. Den **Aussichtspunkt ❹** erreichen Sie nach 200 m. Er bietet Nahblicke auf die beiden kleineren der drei Uschba-Wasserfälle. Zurück gehen Sie auf demselben Weg und steigen weiter ab.

Am **Abzweig zum unteren Aussichtspunkt** gehen Sie wieder links und folgen dem Weg zum **Aussichtspunkt ❺**, von dem aus Sie alle drei größeren Wasserfälle des Tals gut sehen können. Bis zum Aussichtspunkt sind es 300 m und Sie gehen auch hier wieder auf demselben Weg zurück auf Ihre Hauptroute, auf der Sie weiter absteigen.

Unten im Dolra-Tal können Sie 4 km vor dem Ende Ihrer Wanderung im **Café Hiker's Inn ❶** einkehren.

Außerdem bietet es sich auf dem Weiterweg an, noch an der nahe gelegenen, sehr wohlschmeckenden Mineralquelle vorbeizugehen. Dazu biegen Sie am **Abzweig** 600 m nach der großen Bauruine, die Sie schon auf dem Hinweg passiert haben, links ab und laufen in einem Bogen zu der von dort nur 500 m entfernten **Sauerwasserquelle**.

Von der Quelle folgen Sie dem Weg, den Sie gekommen sind, 300 m zurück, verlassen ihn dann nach links und gehen entlang des langen Stein- und Holzzaunes über die Schichra genannten Weidewiesen Richtung Maseri. Kurz vor Maseri stoßen Sie auf die bis hier asphaltierte Talstraße und laufen auf dieser zum Ausgangspunkt Ihrer Wanderung.

6 Von Maseri auf den Heuberg Betschri

Tour für gemäßigte Gipfelstürmer

Die kleine Wanderung führt auf den Betschri genannten Bergrücken, der von den Wiesen oberhalb des Dorfes Maseri zum Wandfuß des gewaltigen Felsmassivs mit gleichem Namen hinaufzieht. Ziel sind die ehemaligen Heuwiesen ganz oben auf dem Betschri-Rücken, direkt unterhalb der Maseri-Südwand. Hier wartet ein Gipfelkreuz aus Birkenstämmen und ein herrlicher Blick nach Süden ins Dolra-Tal sowie auf die Swanische Kette.

Auf- und Abstieg erfolgt größtenteils im Wald direkt auf dem Bergrücken. Dabei folgen Sie dem alten Wirtschaftsweg, über den früher das Heu mit Schleifschlitten eingefahren wurde. Ein alternativer Aufstieg über die Bergflanke aus dem Längstal des Betschri macht die Tour noch interessanter, ist aber auch sehr schwierig.

Start/Ziel: Abzweig zum oberen Dorfeingang von Maseri, GPS N 43°04.593' E 042°36.531'

9,8 km

3 Std. 30 Min.

809 m/809 m

1.622-2.393 m

teilweise rot-weiße Wegemarkierungen

Größtenteils alte, unbefestigte Wirtschaftswege zur Heueinfahrt, teilweise schmale Bergpfade und wegloses Gelände über Wiesen, im Mittelteil Wald, unten und oben Wiesen. Es gibt eine kleine Flussquerung auf Trittsteinen bzw. barfuß. ☺ Trekkingstöcke und zur Orientierung GPS-Gerät sind empfehlenswert!

keine Einkehrmöglichkeit

Es bietet sich eine Gipfelrast im Gras an (km 3,8) und eine Pause mit Sitzgelegenheiten an einer Mineralquelle (km 7,7).

Von Länge und Tourenprofil her eigentlich eine perfekte Wanderung für größere Kinder. Leider sind die Wege zum Teil verwachsen, sodass größere Trittsicherheit gefordert ist. Die beschriebene Aufstiegsvariante ist nicht für Kinder geeignet!

☞ Tour Nr. 2

Die Wanderung beginnt und endet an der asphaltierten Talstraße oberhalb von Maseri an dem **Abzweig**, der von oben ins Dorf führt (für Informationen über

Maseri ☞ Tour Nr. 2). Von hier nehmen Sie genau gegenüber dem Abzweig den unbefestigten Weg und gehen auf das Maseri-Massiv (4.012 m) und den Uschba-Südgipfel (4.710 m) zu, die sich vor Ihnen erheben. Vor dem Felsaufbau des Maseri sehen Sie Ihr Tourenziel, den Bergrücken Betschri, sowie rechts davon den Einschnitt seines Längstals, an dessen Anfang der Aufstieg durch den Wald beginnt.

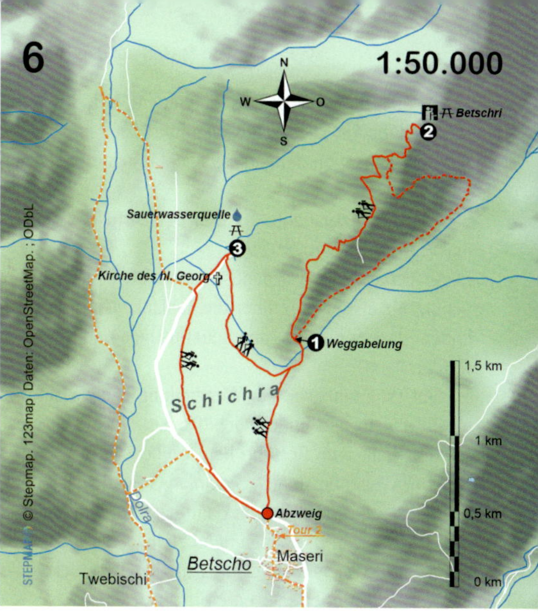

Bis zu diesem Taleinschnitt gehen Sie zunächst Richtung Norden, anfangs durch die Umzäunungen der flachen Heuwiesen oberhalb von Maseri und dann in freiem Gelände. Schließlich wechseln Sie die Laufrichtung langsam nach Nordosten und kommen 1,2 km nach dem Start Ihrer Wanderung an den kleinen **Fluss**, der aus dem Tal herabfließt.

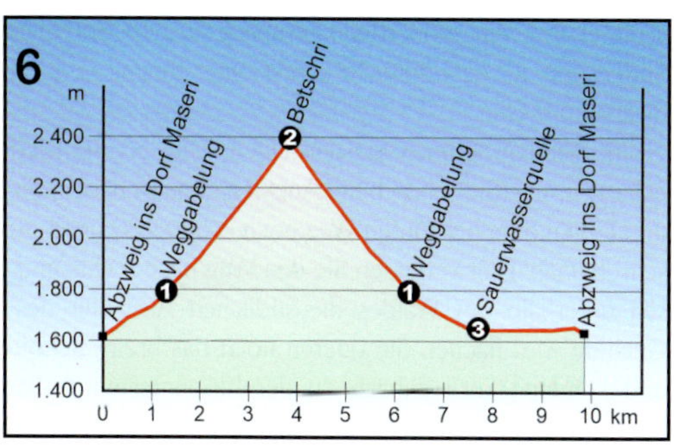

Sie queren den Fluss und folgen dem Weg 80 m nach Nordwesten bis zu einer **Weggablung ❶**. Der rechte Weg führt flach in das sehr schöne Längstal des Betschri-Rückens, von dem aus es ebenfalls eine Anstiegsroute auf den Betschri gibt.

Aufstiegsvariante auf den Betschri (2,8 km, 1 km länger als der Normalweg, ↑ 507 m, ↓ 29 m)

Diese Variante ist zwar landschaftlich sehr reizvoll, der früher nur bei der Mahd genutzte Aufstiegsweg über die Talflanke ist aber so verwachsen und schlecht zu finden, dass er nur sehr abenteuerlustigen und trittsicheren Wanderern empfohlen werden kann.

Der Weg führt von der **Weggablung ❶** auf dem rechten Weg nach Nordosten ins Tal hinein und endet nach 1,5 km am Beginn der baumlosen Wiesenhänge, die dort links vom Betschri herabziehen.

Vom **Wegende** steigen Sie anfangs relativ flach, sich leicht links haltend durch die Wiese auf und schlagen dann nach 200 m einen kräftigen Bogen nach links, d. h. Westen, in die zunehmend steilere Bergflanke. Sie queren ansteigend zum Wald und erreichen durch diesen den Bergrücken des Betschri. Hier trifft die Wegvariante wieder auf den Normalweg.

Wenn Sie ganz entspannt auf den Betschri wandern wollen und/oder Kinder dabeihaben, wählen Sie an der Weggablung nicht die Aufstiegsvariante, sondern nehmen den linken Weg und gehen gerade in den Wald hinein. Das ist der ehemalige Wirtschaftsweg, über den früher mit den für Swanetien typischen Schleifschlitten das Heu vom Betschri ins Tal gebracht wurde. Der Weg führt auf den Bergrücken und über diesen teils gerade, teils in Kehren bis zur Baumgrenze und von dort über die Heuwiesen bis zum **Gipfelkreuz des Betschri ❷**. Von hier eröffnet sich ein großartiger Fernblick auf die Berge der Swanischen Kette im Süden und auf das Dolra-Tal direkt unter Ihnen. Es ist ein guter Platz für ein Picknick im Gras.

Im Abstieg nehmen Sie denselben Weg, bis Sie wieder an den kleinen **Fluss** gelangen, den Sie schon beim Aufstieg gequert haben. Sie wechseln die Flussseite und folgen dem bekannten Weg noch knapp 200 m bis aus dem Längstal des Betschri hinaus. Hier verlassen Sie den Weg nach rechts und umgehen über die Wiesen unterhalb des Waldes die südlichen Ausläufer des Betschri-Rückens. Das Gelände wird flacher, Sie queren noch das breite Schotterbett eines Sturzbachs und kommen kurz danach zu der bekanntesten **Sauerwasserquelle ❸** des Dolra-Tals. Da sich das kohlensaure Quellwasser bei Regen durch Oberflächen-

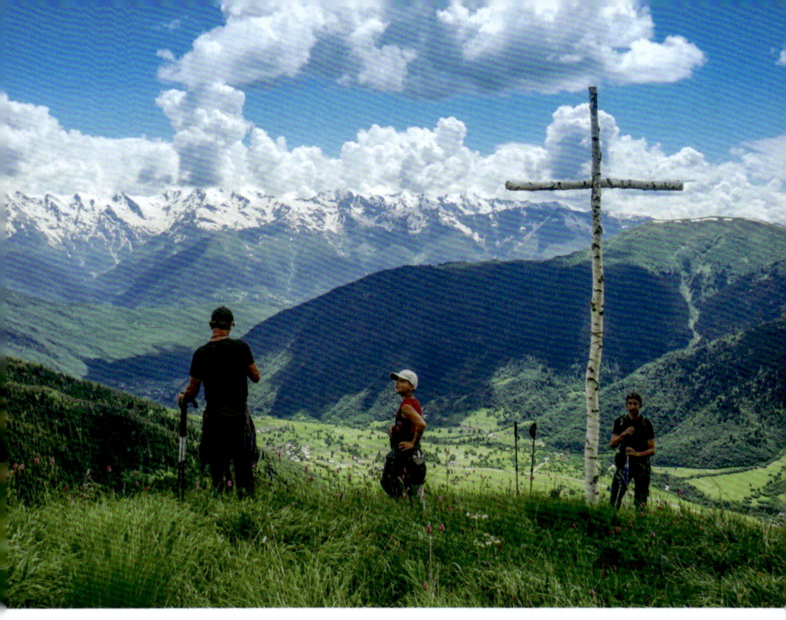

Blick vom Berg Betschri in das Dolra-Tal und auf die Berge der Swanischen Kette

wasser verdünnt, ist sein Geschmack nach langen Hitzeperioden noch intensiver. Eine Verkostung lohnt aber bei jedem Wetter und ⩛ die Holzbänke rings um die holzgefasste Quelle laden zu einer Pause ein.

Für den Rückweg von der Quelle zum Ausgangspunkt der Wanderung folgen Sie 300 m dem Fahrweg, der von Maseri hierherführt, verlassen ihn dann nach links und gehen entlang des langen Stein- und Holzzaunes über die Schichra genannten Weidewiesen zurück Richtung Maseri. Kurz vor Maseri stoßen Sie auf die bis hier asphaltierte Talstraße und folgen dieser nach links zum Ausgangspunkt Ihrer Wanderung.

❼ Von Maseri nach Mestia (via Guli-Pass)

Tour für konditionsstarke Uschba-Fans

Auf keiner Wanderung können Sie dem berühmtesten Berg des Kaukasus so nah kommen, wie auf dieser. Dabei braucht es allerdings viel Kondition. Es ist die längste Tageswanderung in Swanetien und sie hat eine Menge Höhenmeter.

Als Lohn sind Sie in einer einmalig schönen Berglandschaft unterwegs und haben ständig wechselnde Aussichten auf das doppelgipflige „Matterhorn" des Kaukasus. Am Anfang im Guli-Tal verdecken waldige Bergrücken noch einen Großteil seiner Basis. Im weiteren Aufstieg zum Pass tritt dann sein ganzer Fuß zutage und hinter dem Südgipfel schiebt sich der Nordgipfel immer weiter hervor. Beim Abstieg verschwindet der Uschba aus dem Blickfeld, lässt dann aber noch einmal seine beiden Gipfelspitzen wie Teufelshörner über den Bergrücken luken.

➔ Start: Wegweiser an der Schule von Maseri, GPS N 43°04.250' E 042°36.709'; Ziel: Touristinformation Mestia, GPS N 43°02.614' E 042°43.503'

19,8 km

8 Std.

↑↓ 1.520 m/1.705 m

⇧ 1.398-2.960 m

rot-weiße Wegmarkierungen, mehrere Wegweiser und Markierungsstangen

Überwiegend schmale Bergpfade über z. T. steile Wiesenhänge, außerdem längere Strecken auf Schotterwegen und Allradpisten. Es gibt mehrere Bachquerungen auf Trittsteinen, dabei teilweise im Uferbereich steile schwere Wegstellen in Geröll und über lose Erde. Wegen der Länge der Tour ist ein früher Start wichtig. So haben Sie gegen Abend noch eine Zeitreserve! Es gibt keine Quelle unterwegs und wegen der Weidewirtschaft ist es nicht empfehlenswert, das Wasser aus den Bächen zu trinken. Also ausreichend Getränke mitnehmen! Und Trekkingstöcke nicht vergessen!

unterwegs keine Einkehrmöglichkeiten, in Mestia viele Restaurants

Im verlassenen Dorf Guli bieten sich alte Holzbänke unter einem Baum als Picknickplatz an (km 3,8). Am Guli-Pass gibt es zwar keine Sitzgelegenheiten, aber eine herrliche Aussicht (km 8)! Außerdem gibt es beim Abstieg vom Pass eine überdachte Aussichtsplattform (km 16,4).

Die Tour ist für Kinder zu anstrengend und schwierig.

für die Anfahrt nach Maseri ☞ Tour Nr. 2, für die Ab- bzw. Weiterreise von Mestia ☞ Tour Nr. 8

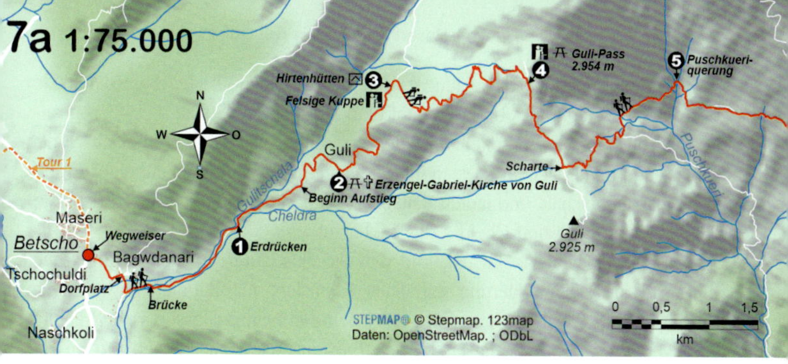

🚗 Möchten Sie die Wanderung verkürzen und sich an der Aussichtsplattform oberhalb von Mestia von einem Taxi abholen lassen, denken Sie daran, sich vorab die Telefonnummer von einem Fahrer aus Mestia geben zu lassen, den Sie dann bei Bedarf anrufen können. Bei der Vermittlung eines Taxifahrers kann Ihnen auch Ihre Wirtsfamilie behilflich sein.

↬ Dorf-zu-Dorf-Wanderung; mögliche Tourenkombination: 1, **7**, 14, 16, 17, 18

Die Tour beginnt am **Wegweiser** an der Straße unterhalb von Maseri (für Informationen über den Ort ☞ Tour Nr. 2). Von hier gehen Sie am Schulgelände vorbei

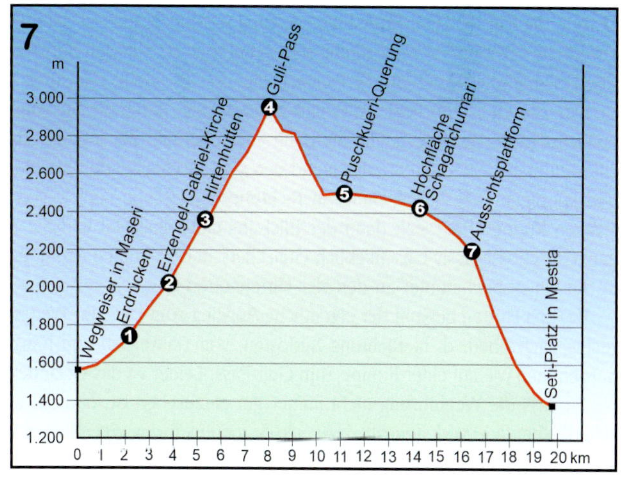

nach Südosten entlang der Zäune zum nahe gelegenen Ortsteil Bagwdanari. Im Ort biegen Sie erst links und dann auf dem **Dorfplatz** rechts ab.

Sie folgen dem Allradfahrweg, der erst einen kleinen Bogen nach Süden schlägt und dann nach Nordosten ins Tal hinaufführt. Sie queren auf einer **Brücke** den Fluss Gulitschala und laufen danach 1,5 km in der Mitte zwischen den zwei Flüssen Gulitschala und Cheldra das Tal hinauf.

Kurz bevor sich das Tal teilt und sich die Flussläufe voneinander entfernen, führt Sie die Wegmarkierung auf einen schmalen, mit Bäumen bewachsenen **Erdrücken ❶**, der als Erosionsfolge zwischen den beiden Flüssen stehen geblieben ist. Der Weg über diesen kleinen Erosionsrücken ist schmal und an der Abbruchkante zum Cheldra-Fluss ausgesetzt. Wenn Sie nicht schwindelfrei sind, gehen Sie einfach links den breiten Talweg weiter. Beide Wege treffen nach 250 m wieder aufeinander.

Nach dem Rücken gehen Sie gerade über die sich vor Ihnen ausbreitende, kleine Ebene und steuern auf die jetzt deutlich sichtbaren Ruinen des ehemaligen Dorfes Guli zu. Am Ende der Ebene beginnt der **Aufstieg zum Dorf**.

Die Ruinen der untersten Häuser stehen in der ersten Wegkehre und zu den oberen gehen Sie in zwei weiteren Kehren. Diese oberen Häuser des lange aufgegebenen Ortes sind besser erhalten und die hier stehende ✟ **Erzengel-Gabriel-Kirche von Guli ❷** völlig intakt. Die Kirche ist verschlossen und öffnet nur an drei Tagen im Jahr zum Gottesdienst. Das ist an den drei Dienstagen direkt nach Ostern, die hier die „Gul-Dienstage" genannt werden. Frauen ist dabei der Zutritt zur Kirche verboten. Vor der Kirche stehen unter einem riesigen Bergahorn klapprige Holzbänke, die sich als ⩩ Picknickplatz für das zweite Frühstück anbieten.

Das alte Guli-Dorf liegt am Beginn einer Mulde, durch die Sie vom Dorf aus zunächst etwas aufsteigen, die Sie dann aber oberhalb der letzten Bäume nach links verlassen. Sie queren aufsteigend den sich anschließenden breiten, welligen und kuppigen Bergrücken immer in Richtung der Uschba-Gipfel. Von einer **felsigen Kuppe** öffnet sich dann der Blick ins Gulitschala-Tal und Sie sehen das ganze Uschba-Massiv einschließlich Guli-Gletscher. Sie folgen dem Pfad ins offene Tal hinein bis hinunter zu den vier **Hirtenhütten ❸**.

Bei den Hütten beginnt der eigentliche Aufstieg zum Pass. Ihr Weg zweigt hier rechts nach oben, d. h. Richtung Südosten, vom Talweg ab und führt in vielen Serpentinen wie auf einer Rampe zum Guli-Pass. Leider ist das Gelände sehr kuppig, sodass die Wegführung nicht immer gut einzusehen ist, und die vielen „falschen" Kuhpfade verleiten oft dazu, die Serpentinen des eigentlichen Weges zu weit auszulaufen. Achten Sie also auf die Wegmarkierungen und behalten Sie

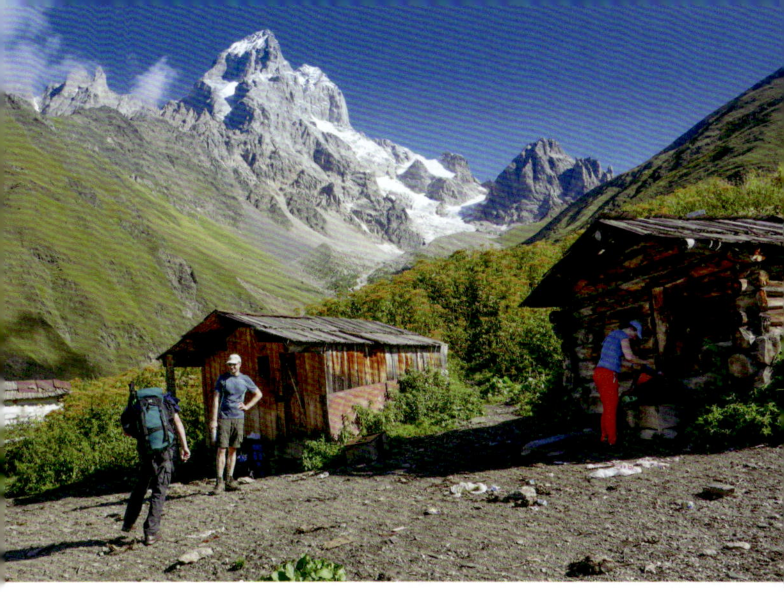

Rast an den Hirtenhütten im Guli-Tal

beim Aufstieg zum Pass immer die Grobrichtung Nordosten im Auge. Der Aufstieg erfolgt erst durch Rhododendron- und Wacholderbüsche und dann auf golfplatztauglichem Rasen. Im oberen Teil erleichtern zwei **Markierungsstangen** die Orientierung.

Den **Guli-Pass (2.954 m)** ❹ erreichen Sie 8 km nach dem Ausgangspunkt der Wanderung und Sie haben hier einen fantastischen Panoramablick nach Süden auf die gesamte Swanische Kette und nach Osten zu den Bergen des Großen Kaukasus mit der Eispyramide des Tetnuldi (4.858 m) an erster Stelle. Die Uschba-Gipfel haben Sie jetzt im Rücken.

Auch wenn es am Pass oft windig und kalt ist, lädt der herrliche Rundumblick zu einem kurzen Picknick ein, wobei Sie mangels Alternativen auf dem eigenen Rucksack sitzen müssen.

Der Berg Uschba

Der Uschba wird nicht umsonst „das Matterhorn" des Kaukasus genannt. Wie sein kleinerer, einköpfiger Bruder in den Alpen hat der Berg eine sehr markante

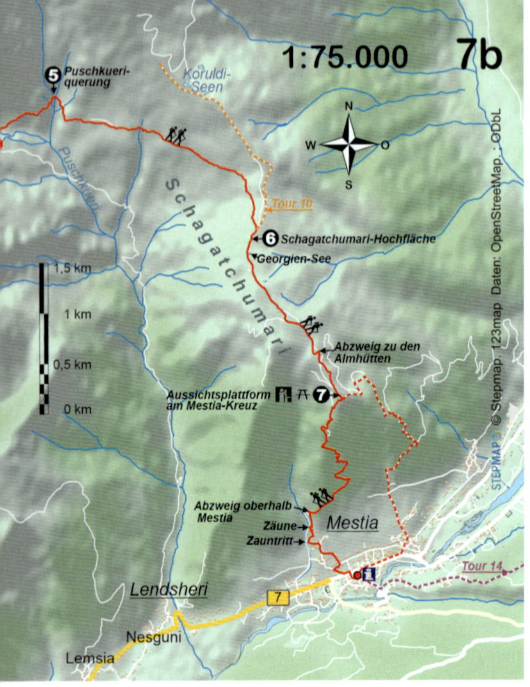

Form, denn von der Seite sind seine beiden Gipfel nahezu symmetrisch. Der Nordgipfel ist 4.694 m und der Südgipfel 4.710 m hoch.

Zur einmaligen Gestalt kommt wie beim Matterhorn eine dramatische Besteigungsgeschichte. Zwar wurde 1888 von englischen Bergsteigern relativ schnell ein Weg auf den Nordgipfel gefunden, am höheren Südgipfel scheiterten aber so viele Seilschaften, dass der Uschba bald in den Ruf geriet, der schwierigste Berg der Welt zu sein.

Erfolg hatte erst 1903 eine Expedition, bei der auch eine Pionierin des Frauenbergsteigens dabei war. Der Gipfel wurde im zweiten Anlauf von drei Deutschen und zwei Schweizern erreicht. Die größte Berühmtheit haben aber nicht die Gipfelsieger gewonnen, sondern die Innsbruckerin Cenzi von Ficker, die bei der ersten gescheiterten Seilschaft mitgeklettert war.

Der Grund ist eine in der Geschichte des Alpinismus einzigartige Kuriosität. Der ansässige Fürst Tatarqan Dadeschkeliani war so von der jungen Frau beeindruckt, dass er ihr als Trost für den entgangenen Gipfelsieg gleich den ganzen Berg schenkte. Dass das durchaus ernst gemeint war, zeigt die von ihm unterschriebene und mit seinem Siegel versehene Schenkungsurkunde, die sich heute im Alpinen Museum in München befindet. Nach ihrer Rückkehr genoss Cenzi von Ficker große öffentliche Aufmerksamkeit und wurde unter dem Spitznamen Uschbamädel bekannt.

Vom Pass gehen Sie in Richtung Südsüdost entlang des langsam abfallenden Bergkamms bis in eine enge **Scharte** vor dem sich danach erhebenden Guli-Berg.

Durch die Scharte beginnt nach links unten der anfangs recht steile Abstieg ins Puschkueri-Tal. Unten im oberen Talboden angekommen gehen Sie links ein flaches Stück nach Norden, queren zwei Zuflüsse des Puschkueri und steigen nach Nordosten in die nördliche Flanke des nach Osten flacheren Kesseltals. Wenig später queren Sie den **Puschkueri** ❺ in einem tieferen Taleinschnitt und laufen dann immer auf gleicher Höhe durch die lange, zunehmend flachere Grasflanke nach Osten. Nach den kräftezehrenden Auf- und Abstiegen folgt hier ein richtig vergnügliches Wegstück über flache Wiesen zur **Schagatchumari-Hochfläche** ❻, auf der Ihr Bergpfad auf den Allradfahrweg trifft, der von Mestia zu den Koruldi-Seen führt.

Sie folgen dem Fahrweg direkt auf dem flachen Bergkamm rechts nach unten. Vergessen Sie beim Abstieg über die weiten Wiesen nicht, sich ab und zu umzudrehen. Im Rücken schieben sich nach und nach die Uschba-Gipfel wieder ins Blickfeld und rechts von ihnen reiht sich die Gipfelkette des Kaukasushauptkamms auf. Achten Sie auch auf den großen grasverwachsenen See, an dem Sie vorbeikommen. Die verbliebene Wasserfläche in der Mitte ähnelt der Landesform Georgiens, weshalb der See auch **Georgien-See** heißt. Der Abstieg ist flach und gemütlich mit Panoramablicken nach allen Seiten.

Der Georgien-See mit den Bergen des Kaukasushauptkammes (kp)

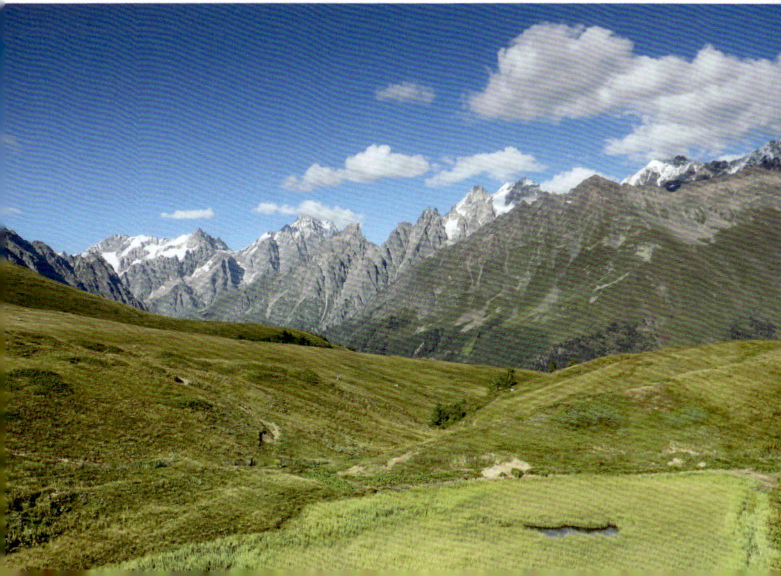

Wenn der Fahrweg beginnt, steiler zu werden, gibt es nach rechts unten einen **abzweigenden Fußweg**, der zu ein paar Almhütten mit Viehgattern führt. Sie folgen diesem Weg durch die Hütten hindurch zu der auffälligen **Aussichtsplattform ❼**.

Die Aussichtsplattform steht auf einer vorgeschobenen Bergkuppe direkt neben einem Metallkreuz, das unten vom Ort Mestia aus gut sichtbar und deshalb ein beliebtes Ausflugsziel ist. Die Plattform ist überdacht und so der ideale Platz, um die letzten im Rucksack verbliebenen Leckereien zu essen.

Für das letzte Wegstück dieser sehr langen Wanderung gibt es drei Varianten zur Bewältigung. Ganz erschöpfte Wanderer können sich hier mit dem Auto abholen und ins Tal fahren lassen. Wenn Sie Ihre Unterkunft in Mestia gebucht oder schon Ihr Quartier bezogen haben, können Sie einfach Ihre Wirtsleute per Telefon darum bitten.

Wer noch Kraft hat, läuft selbst ins Tal. Dazu gibt es einen relativ flachen und somit knieschonenden, aber auch längeren Weg und einen schnellen Abstieg, der von der Aussichtsplattform direkt über den steilen Bergrücken nach unten führt. Die flachere Wegvariante entspricht der Abstiegsroute von Tour Nr. 9 (☞ S. 88).

Entscheiden Sie sich für den direkten Abstieg zu Fuß, gehen Sie von der Aussichtsplattform Richtung Eisenkreuz und folgen dem Pfad, der kurz vor dem Kreuz rechts über die Bergkante und dann am Hang entlang in den Wald führt. Dort treffen Sie auf einen Weg, der von der anderen Seite der Aussichtsplattform in einem etwas größeren Bogen ebenfalls hierherführt. Sie biegen links ab und folgen dem geschlängelten Weg fast 700 Höhenmeter auf dem Bergrücken mit Hauptrichtung Südwest steil ins Tal hinab, bis Sie am Waldrand oberhalb von Mestia einen **Abzweig** erreichen, der links nach Süden führt. Sie nehmen diesen Abzweig und erreichen rechts an einem steinigen Bergrücken entlang die ersten Zäune am **Ortsrand von Mestia**.

Von hier folgen Sie halb links dem von Holzzäunen flankierten Weg zu den ersten Häusern und weiter durch zwei Gatter und zum Schluss über einen **Zauntritt** bis ans Ende der Gärten. Nach dem Zauntritt gehen Sie auf dem Weg links. Sie folgen dem Weg und nachdem der in die Tschartolani-Straße übergeht, derselben nach Südosten Richtung Stadtzentrum. Wenn die Tschartolani-Straße auf die Uschba-Straße trifft, gehen Sie rechts bis zur Vittorio-Sella-Straße, dann auf dieser links, an ihrem Ende nochmal links und dann rechts über den Seti-Platz zum Ziel Ihrer Wanderung, der **Touristinformation von Mestia** (für Informationen über den Ort Mestia ☞ Tour Nr. 8).

Mestia

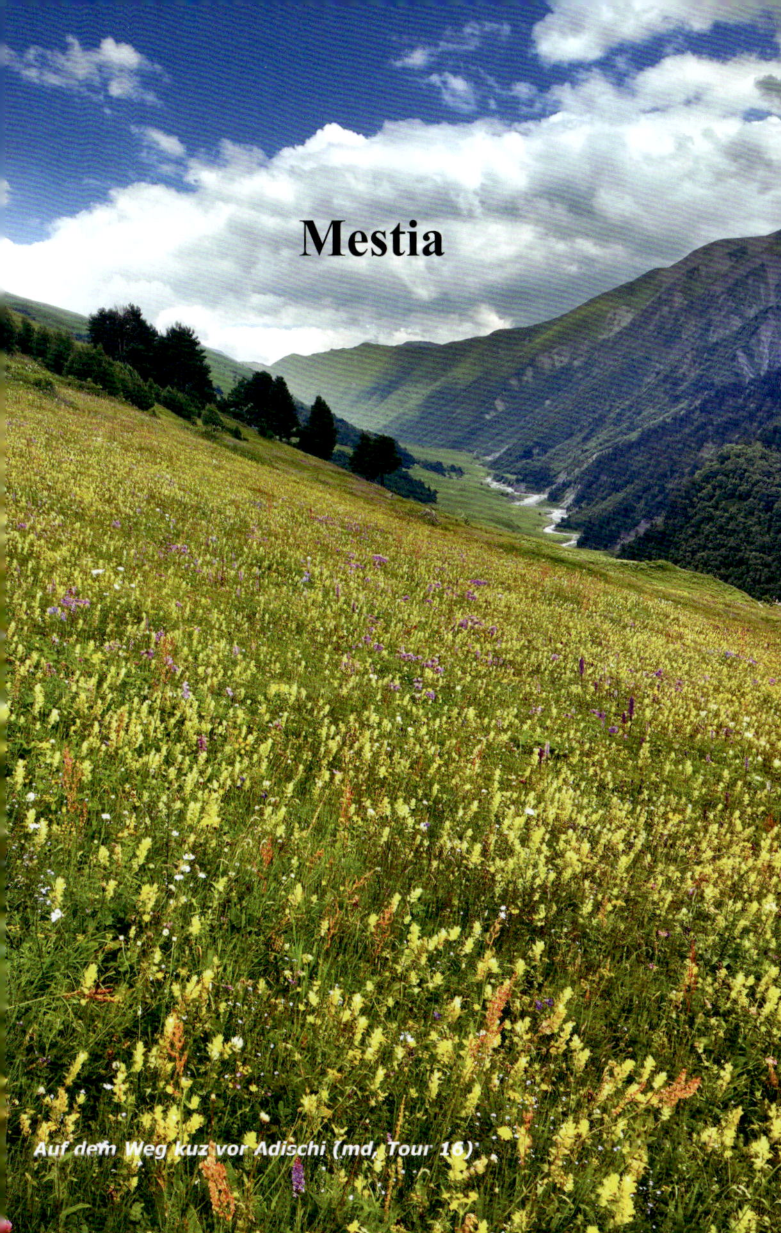

Auf dem Weg kuz vor Adischi (md, Tour 16)

8 Stadtrundgang in Mestia

Tour für Kulturinteressierte

Die kleine Rundtour ist mehr ein Stadtbummel als eine echte Wanderung und führt entlang der wichtigsten Sehenswürdigkeiten durch Mestia. Dabei bleibt die verkehrs- und menschenreiche Hauptstraße des quirligen Touristenorts ausgespart und der Weg folgt stattdessen fast ländlichen Seitenstraßen. Unterwegs laden das moderne Regionalmuseum und zwei kleine Hausmuseen sowie Mestias schönste Kirche zur Besichtigung ein. Die Museen sind so abwechslungsreich, dass auch Kindern nicht langweilig wird. Den größten Spaß sollte diesen aber das Besteigen der Wehrtürme machen. Mehr Abenteuer geht nicht. Auf den wackligen Leitern ist allerdings auch Vorsicht geboten!

Start/Ziel: Touristinformation Mestia, GPS N 43°02.614' E 042°43.503'

6,7 km

2 Std. (dazu 3 bis 4 Std. für Besichtigungen)

↑↓ 312 m/ 312 m

1.383-1.490 m

keine Wegmarkierungen

breite, überwiegend befestigte Wege und Straßen

Mestia ist voll mit Restaurants. Die meisten gibt es im Zentrum, d. h. rings um den Setis Moedani (Seti-Platz) und entlang der Tamar Mepis Kutscha (Königin-Tamar-Straße). Auch auf dem hier beschriebenen Stadtrundgang kommen Sie an mehreren Restaurants vorbei und können sich spontan für einen Besuch entscheiden.

Eine Rast bietet sich auf den Bänken im Park gegenüber dem Start- und Zielpunkt der Wanderung an, wo es auch einen Brunnen mit mineralisiertem Trinkwasser gibt.

In der Hauptstraße von Mestia gibt es mehrere kleine Läden für Lebensmittel, Souvenirs und, wenngleich mit sehr beschränkter Auswahl, auch für Sportartikel. Der bestsortierte Souvenirladen heißt Lawladaschi (Tamar-Mepe 22). Hier gibt es außer jeder Menge Mitbringsel auch Bücher und Wanderkarten. Außerdem gibt es Postkarten und Briefmarken und vor der Tür ist gleich ein Briefkasten.

Die Route liegt abseits der verkehrsreichen Hauptstraße, sodass Sie nur zweimal beim Queren dieser besonders auf Autos achten müssen. Unterwegs gibt es viel zu sehen und zu tun. Kindern sollte es also nicht langweilig werden. Besondere Vorsicht verlangen die Turmbesteigungen, die deshalb nur für größere Kinder geeignet sind. Die Leitern im Innern der Türme sind oft wacklig und auf dem Dach gibt es nicht immer ein Geländer. Außerdem müssen auch die Eltern schwindelfrei sein.

P Parkplatz am Start/Ziel des Stadtrundgangs, Setis Moedani (Seti-Platz)

Mestia ist der einzige Ort in Swanetien mit Marschrutka-Anbindung. Für die An- bzw. Abreise ☞ Reise-Infos S. 11 (Anreise) bzw. S. 30 (Verkehrsmittel). Bei der Anreise mit der Marschrutka können Sie den hier beschriebenen Stadtrundgang auch noch am Abend nach der Ankunft unternehmen, alle anderen in Mestia beginnenden Wanderungen aufgrund ihrer Länge aber erst am Folgetag.

Mestia მესტია hat knapp 2.000 Einwohner und ist das Verwaltungszentrum Oberswanetiens. Es liegt etwas nördlich des Enguri-Tals am Zusammenfluss von Mestiatschala und Mulchura. Die historischen, von spätmittelalterlichen Wehrtürmen geprägten Ortsteile Lechtagi, Seti, Lantschwali und Laghami erstrecken sich an den flachen Berghängen nördlich dieser beiden Flüsse. Dabei bildet Seti das Zentrum der zu einer kleinen Stadt zusammengewachsenen Ortschaften.

Mestia wurde seit 2009 stark modernisiert und gezielt zu einem Touristenort ausgebaut. So gibt es neben den alten swanischen Bauernhäusern heute viele neue, z. T. auch recht große Bauten im schweizerischen Chaletstil. Außerdem wurden einige supermoderne öffentliche Gebäude gebaut, wie der Flughafen, die Polizeistation oder das Swanische Museum. Hier trifft Moderne auf Landleben.

Die wichtigsten Sehenswürdigkeiten verbindet der im Folgenden beschriebene Stadtrundgang.

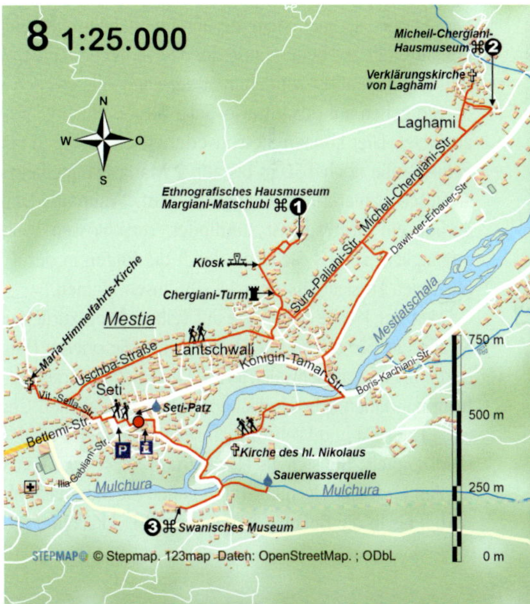

Die Tour beginnt vor der **Touristinformation** am Seti-Platz. Von hier gehen Sie in die Mitte des kleinen Parks, wo sich ein **Brunnen** mit leicht mineralisiertem Quellwasser befindet.

Am Brunnen gehen Sie links und am Ende des Parks rechts zur Hauptstraße. An der

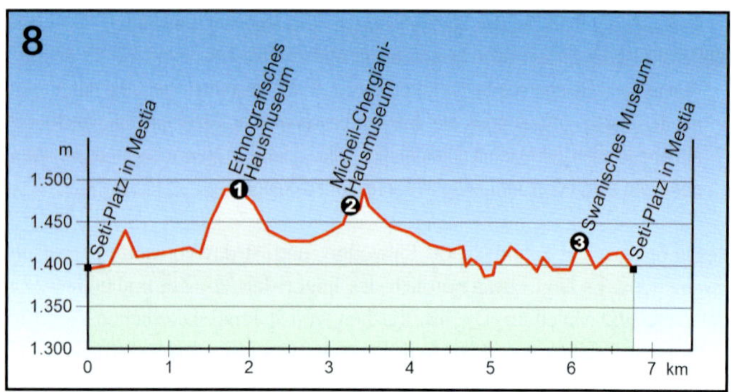

Ecke zur Hauptstraße steht gegenüber dem Park das moderne, spektakuläre Gebäude der **Polizeistation**. Der Berliner Architekt Jürgen Mayer H. hat hier einen riesigen stilisierten Wehrturm aus Glas und großen Natursteinelementen gebaut, der nun über die Ordnung der Stadt wacht.

Sie wechseln die Seite der Hauptstraße und gehen nach links am Polizeigebäude vorbei. Gleich nach 20 m biegen Sie rechts in die **Vittorio-Sella-Straße** ein. Die Straße ist nach dem berühmten italienischen Bergsteiger und Fotografen benannt, der Swanetien Ende des 19. Jh. mehrfach bereiste und die umfänglichste Bilddokumentation zum alten swanischen Alltagsleben schuf.

Sie gehen auf der Vittorio-Sella-Straße entlang, bis rechts die Uschba-Straße abzweigt. Hier können Sie entweder gleich abbiegen oder Sie folgen der Vittorio-Sella-Straße noch 150 m bis zur ✞ **Maria-Himmelfahrts-Kirche von Lechtagi**, die swanisch Lamaria-Kirche genannt wird. Während der Kirchenraum, wenn nicht gerade ein Gottesdienst stattfindet, verschlossen bleibt, ist der Vorraum meist zugänglich, sodass Sie dann durch die Ritzen in der Tür auf die leider sehr verblichenen Fresken aus dem 14. Jh. linsen können.

Von der Kirche gehen Sie auf selbem Weg zurück und biegen in die **Uschba-Straße** ein. Sie folgen der Straße durch die oberen Häuser des Ortsteils Seti hindurch bis ins Lantschwali-Viertel. Die Uschba-Straße ist zwar asphaltiert, hat aber trotzdem einen sehr ländlichen und ursprünglichen Charakter und zwischen den alten Häusern und Wehrtürmen sehen Sie immer wieder die Eispyramide des Tetnuldi-Gipfels, die sich als Hintergrund für schöne Fotos anbietet.

Am Ende der Uschba-Straße gehen Sie links nach oben an einem kleinen Platz vorbei bis in die Beknu-Chergiani-Straße. Links und rechts von Mauern begrenzt

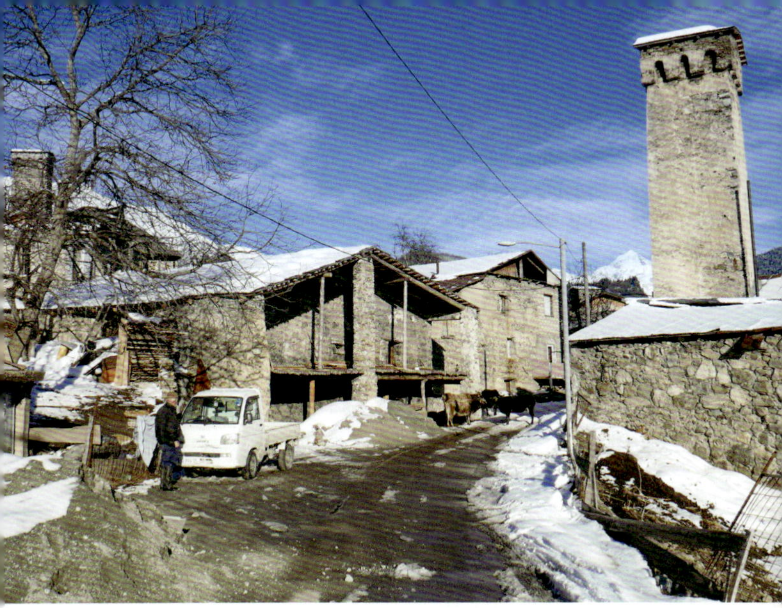

Uschba-Straße in Mestia

führt die Straße zu einem Torhaus mit dem ersten Turm des oberen Stadtteils. Das ist der **Chergiani-Turm**, den Sie besteigen können, und oben angekommen können Sie auch auf das Dach hinausklettern. Hier gibt es ein improvisiertes Geländer und Sie haben einen herrlichen Blick auf Mestia. Der Eingang ist rechts im Torhaus. Vorsicht auf Leitern und Dach!

Chergiani-Turm, Beknu Chergianis Kutscha 13 (Beknu-Chergiani-Straße), ohne feste Öffnungszeiten, Eintritt GEL 2

Nach dem Torhaus gehen Sie weiter gerade bergauf, bis kurz vor dem Ortsrand ein Straßenabzweig nach rechts führt. An der Ecke links gibt es einen **Kiosk**, an dem Sie Eis und kalte Getränke, aber vor allem unterschiedliche Varianten Swanisches Salz kaufen können.

Kiosk am Nadia Guesthouse, Lantschwalis Kutscha 2 (Lantschwali-Straße), saisonal und ohne feste Öffnungszeiten

Am Kiosk gehen Sie rechts und erreichen bald das historische Anwesen der Familie Margiani mit dem ⌘ **Ethnografischen Hausmuseum Margiani-Matschubi ❶.** Zum Anwesen gehören eine kleine Kirche mit Friedhof, vier Türme und mehrere Häuser, in denen die Familie heute auch ein ✕ Restaurant und eine Pension betreibt. Im Museumsteil können Sie ein traditionelles swanisches Dreietagenwohnhaus mit originaler Möblierung besichtigen und auch einen der Türme besteigen.

Bei diesem Turm ist das Hinaufklettern über die Leitern leichter als beim Chergiani-Turm, dafür gibt es aber kein Geländer auf dem Dach.

Die Besichtigung des Hausmuseums wird von Larissa Margiani geführt.

⌘ Ethnografisches Hausmuseum Margiani-Matschubi, Lantschwalis Kutscha 8 (Lantschwali-Straße), tägl. 10:00 bis 18:00, Eintritt mit Führung (Russisch, Englisch) GEL 3

Der Matschubi

Wichtigster Raum eines swanischen Hauses war der Matschubi. Er beherbergte als zentraler Wirtschafts- und Wohnraum im Winter sowohl die vollständige Familie als auch das ganze Vieh. So wurde die Körperwärme aller Lebewesen genutzt.

Mestia mit dem Laila-Massiv

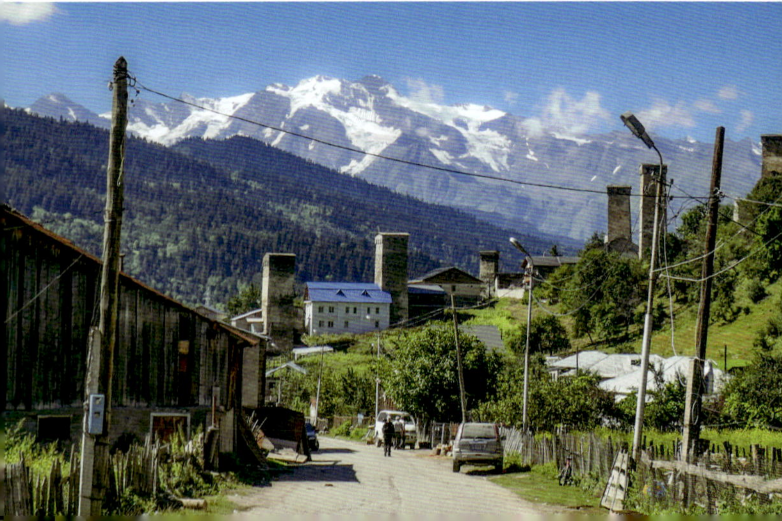

In der Mitte des Raums befand sich die offene Koch- und Feuerstelle, die gegen die Holzdecke durch große, auf einem hängenden Gestell liegende Steinplatten abgeschirmt war. Der Rauch entwich lediglich durch kleine Öffnungen in den Außenmauern kurz unter der Decke des Raums.

An zwei Seiten besaß der Matschubi einen stockbettartigen Holzeinbau, der je nach Wohlstand der Familie mehr oder weniger reich mit Schnitzereien verziert war. Zuunterst standen in diesem Einbau die Kühe in einer Art Arkaden und obenauf war die ebene Schlafstätte der Menschen.

Vom Margiani-Hausmuseum gehen Sie ein Stück zurück auf dem Weg, den Sie gekommen sind. Nach dem Torhaus gehen Sie nun zweimal links und kommen so auf die Sura-Paliani-Straße, die Sie in nordöstlicher Richtung aus dem Stadtteil hinausführt. Jetzt beginnt der Spaziergang in den Ortsteil Laghami. Sie gehen immer geradeaus, stoßen unterwegs auf die asphaltierte Micheil-Chergiani-Straße und erreichen an deren Ende das gleichnamige Museum.

Zimmer des Bergsteigers Micheil Chergiani

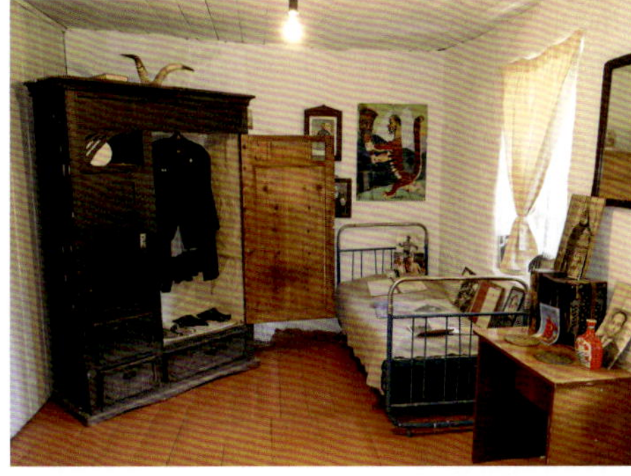

Das ⌘ **Micheil-Chergiani-Hausmuseum ❷** ist dem berühmtesten Sohn Mestias und neben den Abalakow-Brüdern bekanntesten Bergsteiger der ganzen ehemaligen Sowjetunion gewidmet. Micheil „Mischa" Chergiani (1932-1969) lebte seit seinem 10. Lebensjahr in diesem Haus. Der Rundgang beginnt im ersten Stock mit der Besichtigung des im Originalzustand erhaltenen Matschubi der Familie. Im zweiten Stock des Haupthauses, wo früher im Winter der Heuvorrat lagerte, hatten die Chergianis ab Ende der 40er-Jahre modernere und hellere Zimmer zum Wohnen eingerichtet. Hier kann das Zimmer Micheil Chergianis mit seinen persönlichen Sachen besichtigt werden sowie eine Sammlung von ihm gewidmeten Geschenken, Bildern, Gemälden, Zeitungsartikeln und Büchern. Im Nebenhaus illustriert eine Fotodokumentation die Anfänge des sowjet-georgischen Alpinismus und die alpinen Leistungen Chergianis. Im Turm ist neben originaler

Kletterausrüstung auch das Unglücksseil ausgestellt, das bei dem Todessturz Chergianis in den italienischen Dolomiten gerissen war. Es wird gerne betont, dass es sich bei dem Seil nicht um ein sowjetisches, sondern österreichisches (!) Fabrikat handelte.

Die Führung übernimmt meist der Neffe Micheil Chergianis, von dem der Nachlass liebevoll gepflegt wird und der den gleichen Namen wie sein berühmter Onkel trägt.

⌘ Micheil-Chergiani-Hausmuseum, Micheil Chergianis Kutscha 15 (Micheil-Chergiani-Straße), tägl. 10:00 bis 18:00, Eintritt mit Führung (Russisch) GEL 3, ohne Führung GEL 2

Vor dem Museum führt links eine schmale Gasse zum oberen Teil des Laghami-Viertels. Sie gehen durch diese Gasse und biegen dann rechts in die Sergo-Barliani-Straße. An der nächsten Weggablung halten Sie sich wieder rechts und gelangen so zur ✞ **Verklärungskirche von Laghami**. Die Kirche gilt wegen ihrer herausragenden Fresken als die schönste von Mestia. Dabei beherbergt ihr schmaler, hoher Bau eigentlich zwei Kirchen. Die kleine Kapelle in der ersten Etage wurde bereits im 9. Jh. gebaut und dann im 10. und noch einmal neu im 12. Jh. ausgemalt. Dabei ist die erste, jetzt teilweise freigelegte ursprüngliche Bemalung besonders gut erhalten. Die zweite Etage wurde im 13. Jh. auf die erste gebaut und die so entstandene neue Kirche zur gleichen Zeit ausgemalt. Die Fresken haben mit ihrer Restaurierung Anfang der 2000er-Jahre wieder ihre ursprüngliche Leuchtkraft zurückgewonnen und sind wirklich beeindruckend.

Um die Kirche zu besichtigen, rufen Sie Reso Chodshelani an. Seine Familie hütet seit 1.000 Jahren den Schlüssel. Herr Chodshelani ist ein bekannter Maler, der selbst an der Restaurierung der Fresken mitgewirkt hat. Er wohnt in der Nachbarschaft und führt gerne durch die Kirche (Russisch, Englisch).

✞ Verklärungskirche von Laghami, Ortsteil Laghami, nach Vereinbarung: Rufen Sie dazu, wenn Sie dort sind, die rechts am Eingang zum Kirchengelände stehende Handynummer an! Eintritt gegen Spende zum Erhalt der Kirche

Von der Kirche folgen Sie der Sergo-Barliani-Straße ganz nach unten, wo sie auf die asphaltierte Micheil-Chergiani-Straße trifft, über die Sie zum Museum gelaufen sind. Hier gehen Sie rechts und folgen der Straße zurück in Richtung des Zentrums von Mestia. Dabei gehen Sie nun aber auf halbem Weg nicht wie gekommen geradeaus, sondern folgen der Asphaltstraße erst links und dann rechts. So kommen Sie auf den kleinen Platz am Ende der Königin-Tamar-Straße. Hier gehen Sie links zum Mestiatschala und über die **weiße Betonbrücke** auf die andere Flussseite.

Nach der Brücke nehmen Sie rechts den Uferweg. Dieser entfernt sich dann langsam etwas vom Ufer und stößt in der dortigen Außensiedlung von Mestia auf einen breiteren Fahrweg, auf dem Sie nach rechts weitergehen. Der Weg bringt Sie zu den zwei Brücken, die kurz vor dem Zusammenfluss von Mestiatschala und Mulchura über diese beiden Flüsse führen. Zuerst gelangen Sie an die Mestiatschala-Brücke. Diese lassen Sie rechts liegen und gehen in einem Linksbogen zur **Mulchura-Brücke**. Auf dem Weg passieren Sie den Abzweig zur Bischhöflichen Residenz mit ihrer neuen, im georgischen Stil gebauten ✝ Kirche des hl. Nikolaus.

Die nächste Sehenswürdigkeit ist das Swanische Museum. Wenn Sie sich vor dem Besuch noch erfrischen wollen, gehen Sie nach der Mulchura-Brücke scharf links. Von diesem Weg führt nach 70 m links ein Pfad hinunter zum Mulchura-Ufer. Hier befindet sich eine wirklich schmackhafte 💧 **Sauerwasserquelle**.

Zurück an der Mulchura-Brücke gehen Sie die Straße links hinauf zum ⌘ **Swanischen Museum ❸**. Das Museum beherbergt in dem 2013 eröffneten, modernen Gebäude eine außergewöhnliche Sammlung swanischer und auch einiger herausragender georgischer Kunst- und Kulturschätze. Besonders beeindruckend sind die von swanischen Meistern geschaffenen, prunkvollen mittelalterlichen Ikonen und Altarkreuze, die von dem frühen sehr hohen Stand der Mal- und Metallkunst zeugen. Hier finden Sie Kirchenschätze aus allen Dörfern der im Buch beschriebenen Wanderungen. Durch das Panoramafenster des Besuchercafés und vom Dach des Museums haben Sie einen schönen Blick über die Stadt Mestia.

⌘ ☕ Swanisches Museum, Awtandil Ioselianis Kutscha 7 (Awtandil-Ioseliani-Straße), 🚪 Di bis So 10:00 bis 18:00, Eintritt GEL 7

Vom Museum gehen Sie zurück und über die beiden Brücken Richtung Stadtzentrum. Die **Mestiatschala-Brücke** ist dabei eigentlich auch eine Sehenswürdigkeit, denn sie erlaubt einen spektakulären Tiefblick in die hier ganz enge Schlucht mit dem tosenden Fluss. Nach der Brücke folgen Sie der Awtandil-Ioseliani-Straße bis zum Seti-Platz, auf den Sie durch einen Hausdurchgang gelangen.

9 Von Mestia zum Mestia-Kreuz

Tour für Kurzzeit-Powerwanderer

Die kleine, aber anstrengende Wanderung führt nördlich von Mestia steil hinauf zum Rand der Schagatchumari-Hochfläche. Hier steht auf einer vorgeschobenen Bergkuppe ein großes, eisernes Kreuz und gleich daneben ist eine Aussichtsplattform. Diese Plattform ist der nächste Punkt in der Umgebung von Mestia, den Sie als Fußgänger erreichen können, um den berühmtesten Berg des Kaukasus, den Uschba, zu sehen. Die Plattform ist gerade so hoch, dass Sie über den Abschwung des Bergrückens tief ins Tal blicken können, und auf der anderen Seite sehen Sie über den nächsten Aufschwung die Spitzen der Uschba-Gipfel. Die Sicht lohnt also unbedingt den steilen Aufstieg durch den bis hierhin fast blickdichten Wald. Beim etwas gemütlicheren Abstieg folgen weitere schöne Ausblicke.

↻ Start/Ziel: Touristinformation Mestia, GPS N 43°02.614' E 042°43.503'

➲ 7,5 km

⧖ 3 Std. 30 Min.

↑↓ 854 m/854 m

⇧ 1.398-2.113 m

✎ spartanische Reste alter rot-weißer Wegmarkierungen

überwiegend steile Waldwege; ✋ bei und nach Regen matschig und rutschig

✕ unterwegs keine Einkehrmöglichkeiten; im Ausgangs- und Zielort Mestia viele Restaurants

Am Mestia-Kreuz befindet sich eine große überdachte Aussichtsplattform, die gut als Rastplatz geeignet ist (km 3,4).

Kiosk am Weg in Mestias Ortsteil Lantschwali (km 6,3)

Der steile und bei Nässe zudem rutschige Aufstieg macht die Tour für Kinder nicht empfehlenswert.

P Parkplatz am Start/Ziel der Wanderung, Setis Moedani (Seti-Platz)

Die Wanderung beginnt und endet in Mestia. Für die An- bzw. Abreise ☞ Reise-Infos S. 11 (Anreise) bzw. S. 30 (Verkehrsmittel)

Die Wanderung startet an der **Touristinformation** von Mestia und führt als Rundtour auf den Aussichtsberg nördlich der Stadt (für Informationen über Mestia ☞ Tour Nr. 8). Vom Seti-Platz gehen Sie auf die hier gleichnamige Hauptstraße nördlich des parkähnlichen Platzes und folgen dieser ein kleines Stück nach Westen. Nach dem modernen Turmgebäude der Polizeistation biegen Sie rechts in die Vittorio-Sella-Straße und dann gleich wieder rechts in die Uschba-Straße ein. Auf dieser nehmen Sie die erste Abzweigung links und folgen der Tschartolani-Straße. Dabei gehen Sie erst zwischen Häusern und Feldern Richtung Nordwesten und dann durch den oberen Ortsteil nach Westen, wo die Tschartolani-Straße langsam in einen zwischen Zäunen verlaufenden Feldweg übergeht.

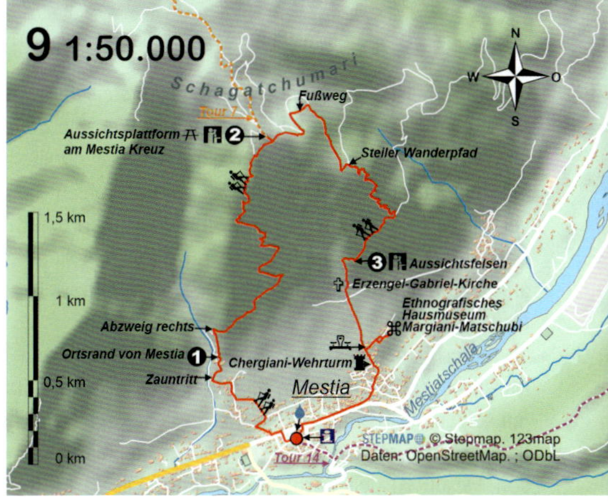

20 m bevor der die Tschartolani-Straße verlängernde Weg auf den kleinen Fluss stößt, gibt es rechts einen **Zauntritt**.

Sie steigen auf der kleinen Trittleiter über den Zaun und folgen dem Weg nach Norden durch die Gärten zum **Ortsrand von Mestia ❶**.

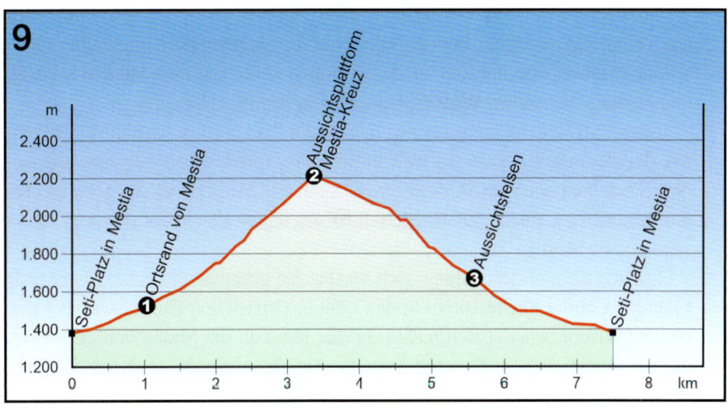

Bei den letzten Zäunen beginnt der steile, schweißtreibende Aufstieg von jetzt noch 650 Höhenmetern. Zuerst folgen Sie dem Weg nach Norden, links an einem steinigen Bergrücken, in den Wald. Dort stoßen Sie auf einen Weg. Sie nehmen den **Abzweig** nach rechts und folgen dem langen, später in Kehren verlaufenden Weg zuerst nach Nordosten und dann nach Norden immer nach oben. Kurz vor Ende des steilen Aufstiegs teilt sich der Weg, wobei beide Varianten zum nahen Ziel Ihrer Wanderung führen, der rechte Weg aber etwas steiler und kürzer ist.

Sie erreichen das Ende des Waldes und gehen zur **Aussichtsplattform am Mestia-Kreuz ❷**, die dann unvermittelt vor Ihnen auftaucht. Der Aussichtspunkt mit seinem fast von überall in Mestia sichtbaren Metallkreuz ist ein beliebtes Ausflugsziel, das auch mit dem Auto über die Allradpiste erreicht werden kann, die von Mestia zu den Koruldi-Seen führt. Die Plattform ist überdacht und ein guter Picknickplatz.

Im Norden sehen Sie den berühmten Doppelgipfel des Uschba (4.710 m und 4.694 m), den Tschatin-Tau (4.411 m) und die Schneekuppe des Ullukara (4.302 m), im Osten den Banguriani (3.857 m) und in der Ferne die Eispyramide des Tetnuldi (4.858 m), im Süden den waldigen Suruldi-Bergkamm mit den Schneisen des kleinen Skigebiets und tief im Tal Mestia und weiter nach Westen das Laila-Massiv (4.009 m).

Für den Rückweg nach Mestia gehen Sie zum Kreuz und folgen von dort dem Fahrweg, bis der nach 100 m eine steile Linkskurve macht. Hier nehmen Sie den Fußweg halb rechts und kürzen so zur ersten von drei Kehren des Hauptfahrweges ab, über die Ihr weiterer Abstieg verläuft. Auf dem Fahrweg angekommen laufen Sie auf diesem weiter bergab, wobei Sie die nächste Kehre innen über einen schönen Fußweg abschneiden. Nach der dritten Kehre verlassen Sie den Fahrweg und nehmen den steilen **Wanderpfad** rechts in den Wald hinein.

Nach 250 Höhenmetern Abstieg mündet Ihr Pfad in einen flachen Wanderweg ein, der als längere Abstiegsvariante etwas später von dem Fahrweg abzweigt, auf dem Sie zuletzt oben ein Stück gegangen sind, und hierherführt. Sie gehen rechts und kommen zu einem **Aussichtsfelsen ❸** mit schöner Sicht auf das jetzt schon wieder nahe Mestia.

Danach beginnt der Abstieg nach Mestia. Sie gehen an der verschlossenen **Erzengel-Gabriel-Kirche** vorbei in den oberen Ortsteil von Lantschwali. Bei den ersten Häusern befindet sich rechts ein Kiosk an der Straße und gegenüber diesem zweigt eine Straße nach links ab. Auf dieser Straße erreichen Sie nach 170 m das ⌘ **Ethnografische Hausmuseum Margiani-Matschubi**, das Sie zum

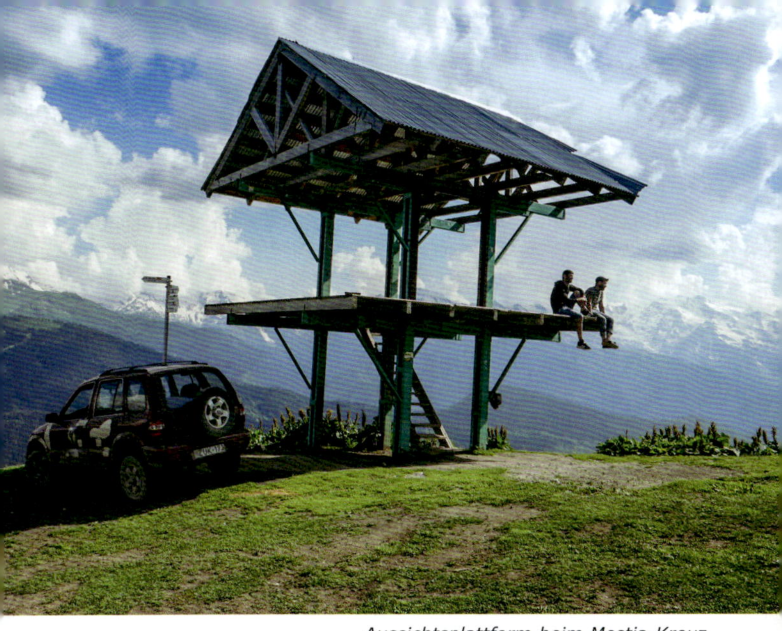

Aussichtsplattform beim Mestia-Kreuz

Ausklang der Wanderung besuchen können. Zurück am Kiosk gehen Sie links und folgen der Straße nach unten, wo Sie nach 100 m links zu einem Torhaus kommen, an dem sich links der Eingang zum ♜ **Chergiani-Wehrturm** befindet, den Sie besteigen können (für nähere Informationen zu Kiosk, Museum und Wehrturm ☞ Tour Nr. 8).

Weiter gehen Sie durch das Torhaus und folgen der Beknu-Chergiani-Straße bis hinunter auf die Königin-Tamar-Straße. Auf dieser laufen Sie nach rechts zurück zur **Touristinformation** auf dem Seti-Platz.

⑩ Zum Koruldi-Gipfel und hinab nach Mestia

Tour für schwindelfreie Gipfelstürmer

Die Bergtour startet von einem der höchsten und entlegensten Punkte, die in Swanetien von Allradtaxis angefahren werden, und wird überhaupt erst dadurch als Eintagestour möglich. Die Tour beginnt an den für ihre schöne Lage bekannten Koruldi-Seen und Sie bewegen sich von Anfang an in hochalpinem Gelände. Auf- und Abstieg von den Seen zum Holzkreuz auf dem Mittelgipfel des Koruldi-Kamms erfolgen auf gleichem Weg und oben erwartet Sie ein spektakulärer Blick auf die Gletscherwelt von Uschba und Tschatin-Tau. Zurück nach Mestia sind Sie nicht auf ein Taxi angewiesen, sondern steigen zu Fuß erst über die herrlichen Wiesen entlang der Allradpiste und unten auf Wanderwegen durch den Wald ab.

Der Tourenteil oberhalb der Koruldi-Seen setzt Schwindelfreiheit und für die Wegfindung alpine Erfahrung voraus!

→ Start: Koruldi-Seen, GPS N 43°05.227' E 042°42.191';
Ziel: Touristinformation Mestia, GPS N 43°02.614' E 042°43.503'

12,6 km

5 Std.

↑↓ 696 m/2.038 m

⇧ 1.404-3.411 m

keine Farbmarkierungen; vereinzelt Steinmännchen als Wegzeichen

Überwiegend schmale Bergpfade, zwischendurch aber auch weglos über Schnee- und Geröllfelder; teilweise steil und felsig mit Steinschlaggefahr: hier vorsichtig gehen und Abstand zum Vordermann halten. Je nach Schneeverhältnissen variierender Routenverlauf – bei hartem Schnee geht es sich meist bequem auf den Schneefeldern, bei weichem Schnee umgehen Sie sie besser. Am Gipfelaufbau kurze, leichte Blockkletterei ohne Sturzgefahr, Seil und andere Sicherungsausrüstung ist dabei nicht notwendig, Trekkingstöcke und GPS-Gerät sind dagegen unbedingt empfehlenswert. Außerdem warme Kleidung, inklusive Handschuhe und Mütze, sowie Gamaschen nicht vergessen!

unterwegs keine Einkehrmöglichkeiten; im Zielort Mestia viele Restaurants und Cafés

Als Rastplatz bieten sich wegen des schönen Rundblicks der Aussichtspunkt am Gipfelgrat (km 2,1) bzw. etwas windgeschützter die Felsen am Gipfelkreuz an und im Abstieg die überdachte Aussichtsplattform am Mestia-Kreuz (km 8,8).

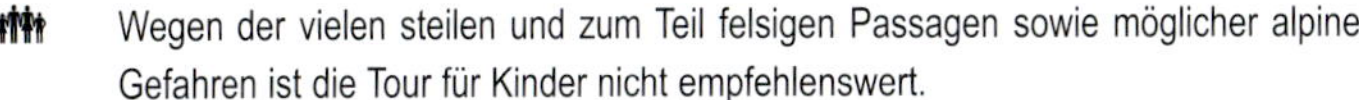

Wegen der vielen steilen und zum Teil felsigen Passagen sowie möglicher alpiner Gefahren ist die Tour für Kinder nicht empfehlenswert.

Mestia ist der einzige Ort in Swanetien mit Marschrutka-Anbindung. Für die An- bzw. Abreise ☞ Reise-Infos S. 11 (Anreise) bzw. S. 30 (Verkehrsmittel)

Die Wanderung beginnt in der Nähe von Mestia am Ende der Allradpiste an den Koruldi-Seen. Bis hierher fahren von Mestia aus Taxis. Der Fahrweg ist sehr steil und die Fahrt deshalb überhaupt nur bei Trockenheit möglich. Ein Taxi kostet ohne Wartezeit an den Seen GEL 100-150. Falls Sie in Mestia Quartier bezogen haben, suchen Sie sich am besten schon am Vorabend Ihrer Wanderung ein Taxi und lassen sich früh in Ihrer Unterkunft in Mestia abholen. Für Infos, wie Sie in Mestia ein Taxi finden, ☞ Reise-Infos S. 31 (Taxi)

Die Bergtour beginnt an einem Ort, der für die meisten, die hierherkommen, schon das Ziel ihres Ausfluges ist. Die drei kleinen **Koruldi-Seen** ქორულდის ტბები *koruldis tbebi* haben eine herrliche Lage mit spektakulärem Bergpanorama und sind deshalb ein sehr beliebtes Fotomotiv. Stimmen die Lichtverhältnisse, reflektieren sich die umgebenden Berge noch dazu auf der Wasseroberfläche. Die meisten Ausflügler lassen sich von Allradtaxis hierher- und zurückfahren, manche kommen mit dem Mountainbike, die man in Mestia ausleihen kann, und einige auch zu Fuß. Der Aufstieg hierher dauert 5-6 Std.

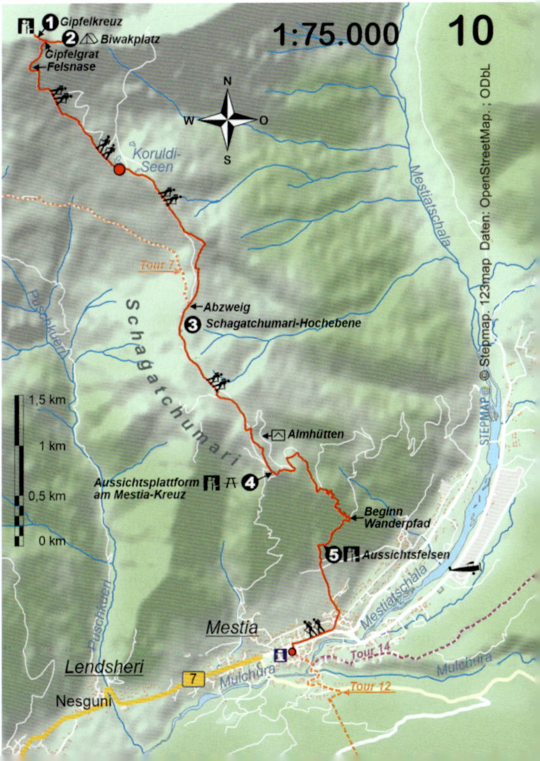

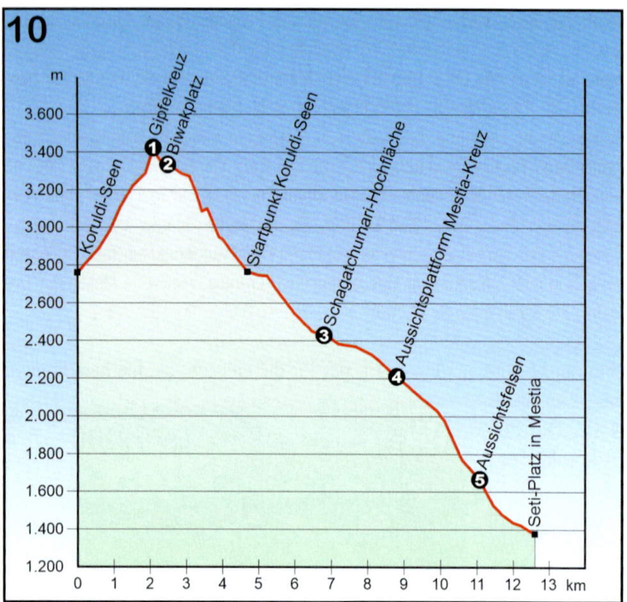

und ist damit so lang und anstrengend, dass eine anschließende Besteigung des Koruldi-Kamms praktisch nicht mehr möglich ist, wenn alles eine Tagestour bleiben soll.

Der Koruldi-Kamm zeigt sich von den Seen als flacher Grat mit drei größeren Erhebungen und einer breiten, gestuften Bergflanke mit oben großen Geröllhängen zwischen langen Querschrofen. Der Weg führt vom größten der drei Seen zunächst in die Mitte dieser großen Bergflanke. Dazu folgen Sie dem deutlich sichtbaren Pfad auf dem schmalen, nicht sehr hohen Bergrücken, der direkt am Bergsee beginnt und Richtung Nordwest nach oben zieht.

Mit zunehmender Höhe verläuft sich der Bergrücken und der weitere Aufstieg führt dann steil über Geröll und feinen Steinschutt. Hier gibt es mehrere ausgetretene Pfade und je nach Größe der Altschneefelder variiert der Wegverlauf. Die Hauptaufstiegsrichtung ist dabei zunehmend nördlicher. Mit Erreichen der großen, auffälligen **Felsnase** gibt es wieder nur noch einen Weg und der Pfad führt Sie nach weiterem kurzem Aufstieg auf ein kleines Plateau unter dem obersten Felsabbruch des Koruldi-Kamms.

Auf der Mittelspitze sehen Sie jetzt deutlich das Gipfelkreuz. Sie gehen in nordöstlicher Richtung über das Plateau und steuern dabei die niedrigste Stelle im Grat zwischen Mittel- und Ostgipfel an. Dabei gehen Sie je nach Sommerfortschritt über ein mehr oder weniger großes Altschneefeld. Den Weg über das Plateau markieren Steinmännchen. Der **Aufstieg zum Grat** erfolgt an seiner flachsten und niedrigsten Stelle ein gutes Stück rechts vom Gipfelkreuz. Das kurze Wegstück vom Plateau auf den Grat ist besonders steil und das schwierigste der gesamten Tour.

 Achten Sie hier bitte besonders auf die Steinschlaggefahr!

Oben am **Gipfelgrat** gehen Sie links und steigen auf das Gipfelkreuz zu. Dabei reicht der Schnee vom unten flachen Grat oft weit hoch an den Gipfelaufbau und erleichtert so den Aufstieg. Auf den letzten Metern zum Kreuz klettern Sie dann durch ein paar große Blöcke.

Am **Gipfelkreuz ❶** entfaltet sich noch nicht das gesamte Panorama, deshalb steigen Sie ein paar Meter weiter auf den Koruldi-Rücken bis zum **Aussichtspunkt** auf der nächsten flachen Kuppe, der sich auch zur Gipfelrast eignet.

Gipfelkreuz auf dem Koruldi-Bergrücken

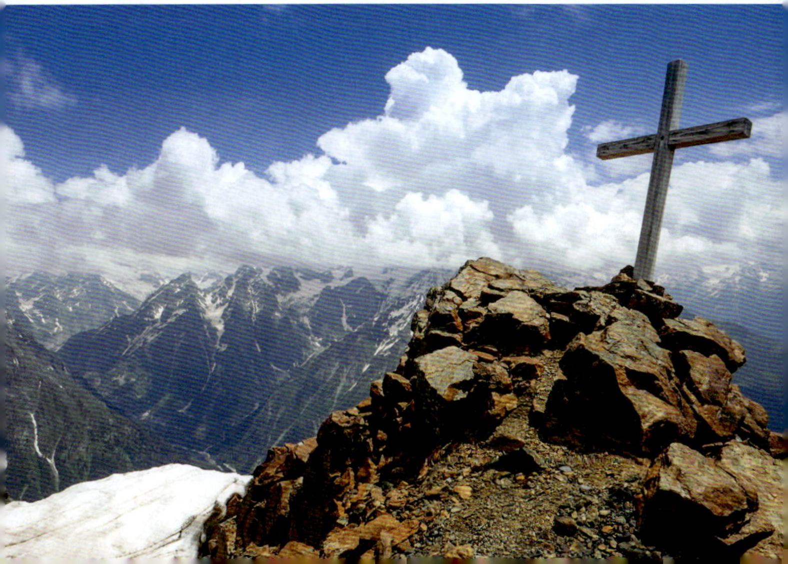

Der Blick von hier nach Nordosten und Norden ist wirklich atemberaubend spektakulär: Vor Ihnen türmen sich Uschba (4.710 m) und Tschatin-Tau (4.411 m) auf und zwischen Ihnen und diesen Bergriesen liegt in der Tiefe der gewaltige Eiskessel des Tschalahdi-Gletschers.

Zurück zu den Koruldi-Seen folgen Sie einfach dem Weg, den Sie gekommen sind, sollten aber beim Abstieg vom Gipfelaufbau noch den flachen Grat ein Stück weiter nach Osten auslaufen. Das ist ein wirklicher „Panorama-Pfad" mit herrlichen Aus- und Tiefblicken nach Norden. Der flache Teil des Grates endet an einem **Biwakplatz für Zelttouristen ❷**. Von hier gehen Sie zurück zur Aufstiegsroute und steigen über diese ab.

Auf der Schneewechte am Grat wegen der Absturzgefahr nicht zu weit nördlich gehen!

Von den **Koruldi-Seen** folgt ein steiler Abstieg über den Lamahdsha-Bergrücken entlang der Allradpiste. Dieser Weg flacht dann zunehmend ab und Sie treffen auf den Abzweig des Weges, der zum Guli-Pass und weiter nach Maseri

An den Koruldi-Seen

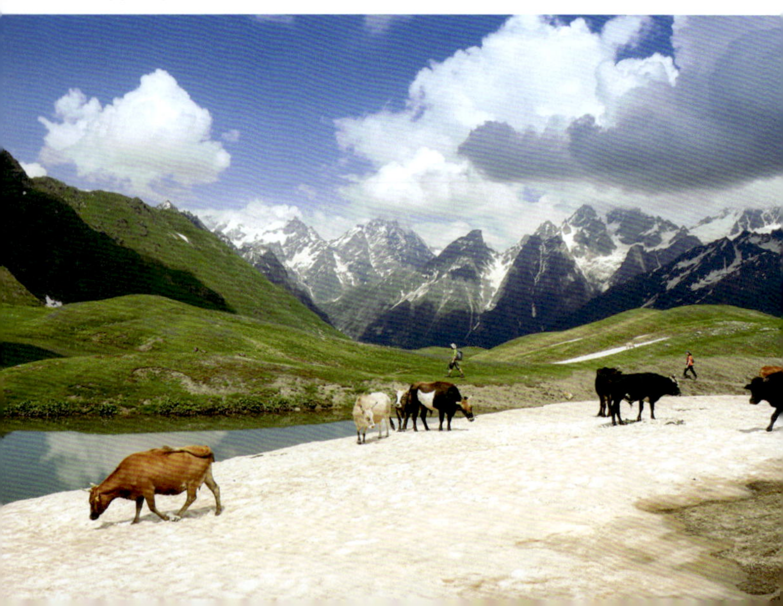

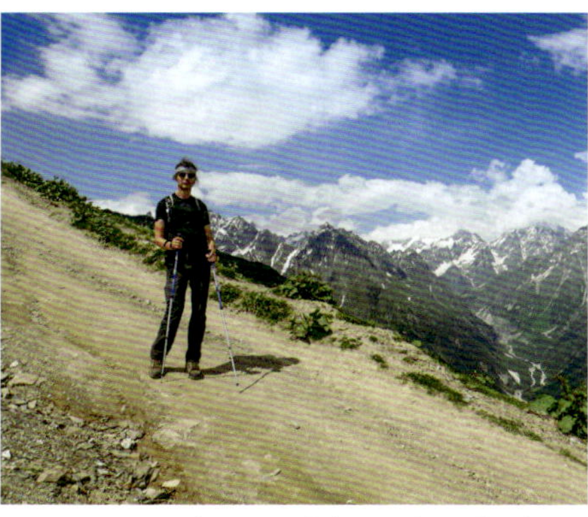
Abstieg auf der steilen Allradpiste

führt (☞ Tour Nr. 7). Hier beginnt auch die flache **Schagatchumari-Hochebene** ❸ mit ihren ausgedehnten Wiesen und herrlichen Panoramablicken.

Wenn der Fahrweg wieder beginnt, steiler zu werden, gibt es nach rechts unten einen **abzweigenden Fußweg**, der zu ein paar Almhütten mit Viehgattern führt.

Sie folgen diesem Weg durch die Hütten hindurch zu der auffälligen **Aussichtsplattform** ❹ neben dem Mestia-Kreuz genannten Eisenkreuz. Die überdachte Plattform eignet sich gut für eine Rast.

Für den weiteren Abstieg nach Mestia gehen Sie von der Plattform zum Kreuz und folgen von dort dem Fahrweg, bis dieser nach 100 m eine steile Linkskurve macht. Hier nehmen Sie den Fußweg halb rechts und kürzen so zur ersten von drei Kehren des Hauptfahrweges ab, über die Ihr weiterer Abstieg verläuft. Auf dem Fahrweg angekommen laufen Sie auf diesem weiter bergab, wobei Sie die nächste Kehre innen über einen schönen Fußweg abschneiden. Nach der dritten Kehre verlassen Sie den Fahrweg und nehmen den steilen **Wanderpfad** rechts in den Wald hinein.

Nach 250 Höhenmetern Abstieg mündet Ihr Pfad in einen flachen Wanderweg ein, der als längere Abstiegsvariante etwas später von dem Fahrweg abzweigt, auf dem Sie zuletzt oben ein Stück gegangen sind, und hierherführt. Sie gehen rechts und kommen zu einem **Aussichtsfelsen** ❺ mit schöner Sicht auf das jetzt schon wieder nahe Mestia.

Danach beginnt das letzte Stück des Abstiegs nach Mestia, wobei der Wanderweg in einen Feldweg übergeht und dieser unten an den ersten Häusern in die Tschartolani-Straße einmündet. Sie folgen der Straße durch den gleichnamigen Ortsteil von Mestia bis hinunter auf die Königin-Tamar-Straße. Auf dieser laufen Sie nach rechts zurück zur **Touristinformation** auf dem Seti-Platz (für allgemeine Informationen über den Ort Mestia ☞ Tour Nr. 8).

11 Wanderung zum Tschalahdi-Gletscher

Tour für kleine und große Gletscherfreunde

Der Tschalahdi-Gletscher nördlich von Mestia ist etwas ganz Besonderes. Der riesige Gletscher reicht fast bis an den Wald heran und es gibt keinen zweiten Gletscher in Swanetien, den Sie so schnell und leicht erreichen können. Vom Anfang des Tschalahdi-Tals sind es gerade einmal 2,5 km bis zu der gewaltigen Eiswand mit Gletschertor. Dazu ist der Aufstieg am Fluss entlang auch noch besonders schön und überhaupt nicht steil. Der Weg ist trotzdem alpin, kann aber bei entsprechender Vorsicht auch sehr gut mit jüngeren Kindern begangen werden.

⇆ Start/Ziel: Parkplatz Tschalahdi-Gletscher, GPS N 43°06.636' E 042°44.671'

5,1 km

1 Std. 45 Min.

↑↓ 308 m/308 m

⇧ 1.659-1.878 m

rot-weiße Wegmarkierungen, Steinmännchen

kurze, moderate alpine Wanderung durch Wald und im offenen Tal, meist auf gutem Wanderweg, zum Schluss nahe dem Gletscher kurz ohne Weg über Geröll, insgesamt wenig Steigung

✕ Café am Start/Ziel der Wanderung

Auf der Wanderung gibt es keine Rastplätze mit Bänken o. Ä., aber viele große Felsblöcke, die sich als natürlicher Picknickplatz anbieten. Seien Sie besonders in der

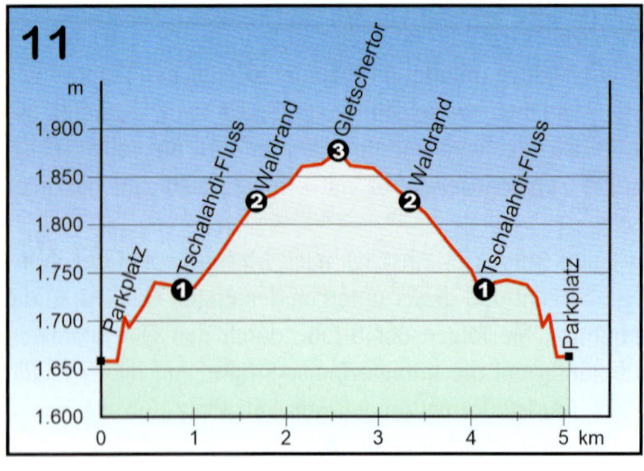

Nähe des Gletschers sehr vorsichtig bei der Wahl einer Raststelle und achten Sie auf mögliche Steinschlaggefahr!

Die Wanderung ist vergleichsweise leicht und so kurz, dass sie auch gut zusammen mit jüngeren Kindern unternommen werden kann. Trotzdem bleibt es eine echte alpine Tour mit den entsprechenden Gefahren. Eltern müssen also sorgfältig auf ihre kleinen Begleiter aufpassen. Absturzgefahr gibt es nicht. Vorsicht ist aber am Flussufer geboten und bei den steinigen Wegpassagen, die Trittsicherheit oder Unterstützung verlangen. Besonders wichtig ist ein großer Sicherheitsabstand am Gletscher. Hier nicht zu nah an die Eiswand herangehen, es können ständig Steinbrocken herabstürzen!

P Parkplatz am Start/Ziel der Wanderung

Der Ausgangs- und Endpunkt der Wanderung befindet sich im Mestiatschala-Tal, 9 km nördlich von Mestia. Die Fahrt dorthin gehört zu den Standardtouren der Taxis von Mestia und kostet einschließlich 3 Std. Wartezeit GEL 80-100. Ein Taxi kann Ihnen entweder Ihre Unterkunft vermitteln oder Sie gehen einfach dann, wenn Sie Ihren Ausflug beginnen wollen, zum Seti-Platz. Hier finden Sie schräg gegenüber der Touristinformation immer freie Taxis.

Die Wanderung führt ins Grenzgebiet zu Russland. Direkt hinter der Hängebrücke am Anfang der Wanderung befindet sich ein georgischer Grenzposten. Sie benötigen für die Wanderung keinen Passierschein und in der Regel wird auch der Pass nicht kontrolliert. Für alle Fälle sollten Sie ihn trotzdem dabeihaben!

Die kurze Wanderung zum Tschalahdi-Gletscher beginnt am P **Parkplatz** vor der Hängebrücke im Mestiatschala-Tal, wo sich auch ein Café befindet.

Café Chalaad, nur in der Hauptsaison und ohne feste Öffnungszeiten

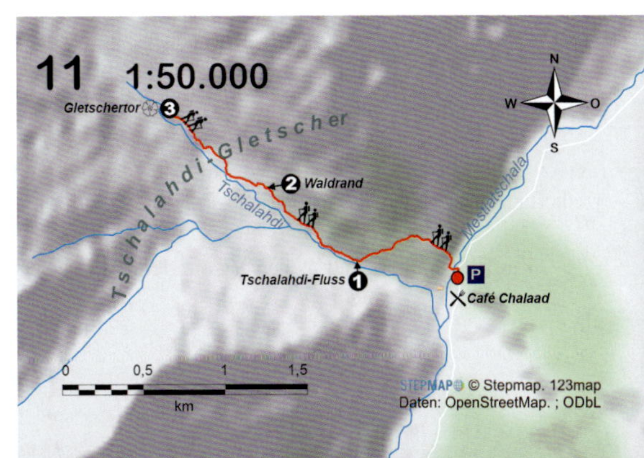

Nach der Brücke gehen Sie kurz rechts und dann links in den Mischwald hinein. Nach kurzem Aufstieg geht es

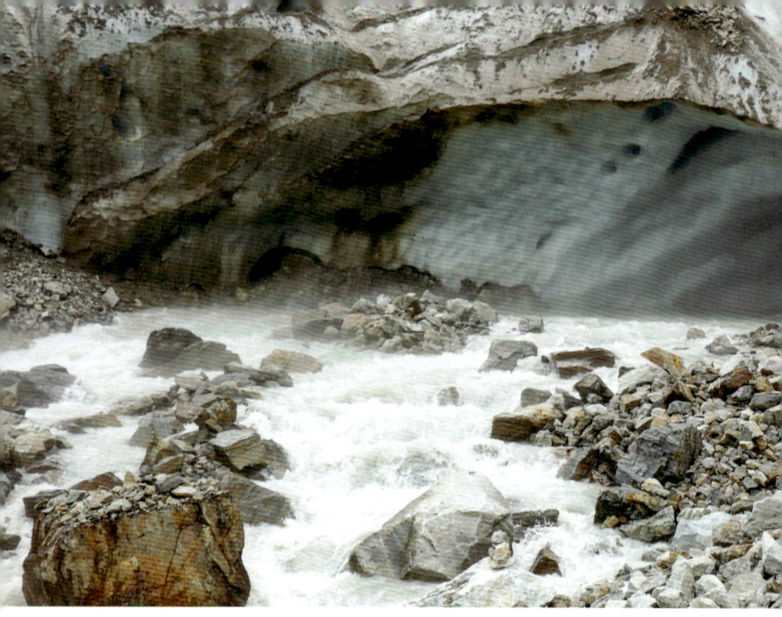

Tschalahdi-Gletschertor

durch fast märchenhaft anmutenden Nadelwald leicht abfallend zum **Tschalahdi-Fluss ❶**.

Der weitere Aufstieg erfolgt jetzt im Talboden unweit des Gletscherflusses. Dem hochstämmigen Nadelwald folgt lichter Misch- und Birkenwald und nach dem **Waldrand ❷** wandern Sie zunehmend steinig über alte Endmoränen und zum Schluss reine Geröllfelder. Bei diesen letzten 800 m des Weges haben Sie den gewaltigen Gletscher immer vor Augen.

Das Ziel Ihrer Wanderung, das ❀ **Gletschertor ❸**, öffnet sich in einer mächtigen Eiswand.

✋ Oben auf dem Eis liegen große Steine und Felsbrocken, die jederzeit herunterfallen können. Gehen Sie also nicht zu nahe an das Gletschertor heran!

Zurück zum **Parkplatz** gehen Sie auf dem Weg, den Sie gekommen sind.

⑫ Von Mestia mit Sesselliftunterstützung zum Mentaschi-Gipfel

Tour für Freunde leichter Wanderungen

Auf dem Ausflug mit angeschlossener kleiner Wanderung haben Sie bei minimaler Anstrengung maximal schöne Aussichten auf einige der bekanntesten Berge des Kaukasus. Sie fahren von Mestia mit dem Sessellift über die im Sommer grünen Hänge des kleinen Hazwali-Skigebietes auf den Suruldi-Bergkamm und wandern dann auf einem richtigen Panoramaweg auf den nahen Mentaschi-Gipfel. Auf dem Rückweg lädt neben der Bergstation des Lifts das höchstgelegene Restaurant Swanetiens zur Einkehr ein und wenn Sie Kinder dabeihaben, freuen diese sich ganz bestimmt über das Eisangebot.

⇆ Start/Ziel: Touristinformation Mestia, GPS N 43°02.614' E 042°43.503'

14,3 km (davon 5,1 km Liftfahrt)

2 Std. (zzgl. 2 x 30 Min. Liftfahrt)

↑↓ 557 m/557 m (mit Liftfahrten 1.455 m/1.455 m)

⇧ 1.394-2.478 m

keine Wegmarkierung

Kammwanderung ohne große Höhenunterschiede, auf unbefestigtem Fahrweg durch Wiesen und lichten Birkenwald. Ein Großteil des Auf- und Abstiegs erfolgt mit dem Lift.

In Mestia gibt es viele Restaurants und Cafés. Vor allem lohnt aber am Beginn und Ende der eigentlichen Wanderung oben auf dem Suruldi-Bergkamm der Besuch des Panoramarestaurants neben der Bergstation des Sessellifts (km 4,1 und 10,2).

Am Wegrand gibt es mehrere Lichtungen und Wiesen, auf denen Sie picknicken können.

Da die eigentliche Wanderung sehr kurz ist, sollte es Kindern nicht langweilig werden. Außerdem können Sie jederzeit umkehren und so die Wanderung abkürzen. Die Fahrt mit dem Sessellift ist spannend, aber auch nur für ältere Kinder ohne Höhenangst zu empfehlen. Vorsicht beim Ein- und Aussteigen! Quengelige Kinder kann vielleicht ein in Aussicht gestelltes Eis trösten.

P Parkplatz am Start/Ziel der Wanderung

Mestia ist der einzige Ort in Swanetien mit Marschrutka-Anbindung. Für die An- bzw. Abreise ☞ Reise-Infos S. 11 (Anreise) bzw. S. 30 (Verkehrsmittel)

Wenn Sie nicht mit dem Sessellift zurück nach Mestia fahren, sondern vom Mentaschi-Gipfel nach Zwirmi absteigen (☞ Variante: Abstieg vom Mentaschi-Gipfel nach

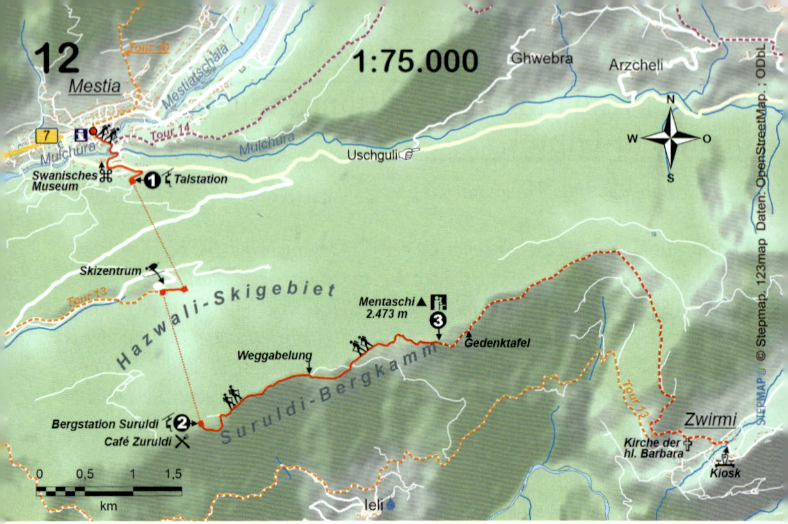

Zwirmi), können Sie dort im Dorf nach einem Taxi zurück nach Mestia fragen oder Sie vereinbaren vorab mit einem Taxifahrer aus Mestia die Abholung.

Bei schlechtem Wetter bleibt der Sessellift geschlossen. Im Zweifel können Sie vor der Wanderung in der Touristinformation von Mestia anfragen, ob der Lift in Betrieb ist, ☞ Infos S. 34.

Dorf-zu-Dorf-Wanderung; mögliche Tourenkombination: **12 mit Abstieg vom Mentaschi-Gipfel nach Zwirmi (Variante)**, 13

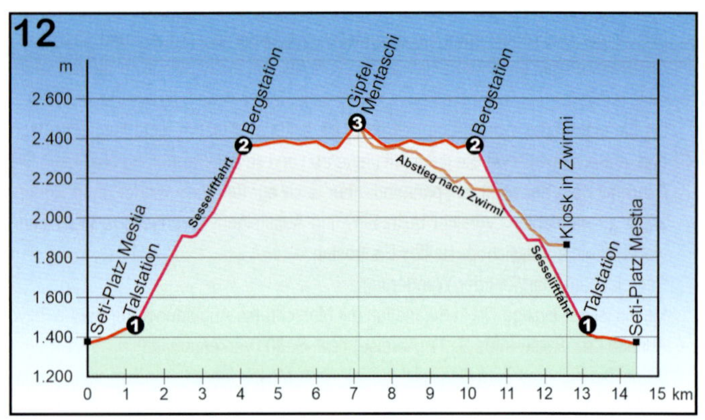

Die Wanderung beginnt mit dem Weg zur Talstation des Sessellifts in Mestia (für allgemeine Informationen über den Ort Mestia ☞ Tour Nr. 8). Sie starten an der **Touristinformation** und verlassen den Seti-Platz durch eine Hausdurchführung in die Awtandil-Ioseliani-Straße. Dieser folgen Sie nach Südosten, gehen nach den zwei Brücken über den **Mestiatschala** und **Mulchura** jeweils rechts und gelangen so zum Swanischen Museum (☞ Tour Nr. 8). Das Museum lassen Sie rechts liegen, biegen an der kommenden Querstraße links ab und folgen von dort der nach Uschguli führenden Landstraße Sch 7 Richtung Ortsausgang. Nach gut 300 m biegen Sie rechts ab und erreichen nach einer Linkskurve die **Talstation des Zubringerliftes zum Hazwali-Skigebiet ❶**.

Hazwali-Sessellift, tägl. 10:00 bis 16:45 (bei starkem Regen und Wind kein Liftbetrieb), Fahrzeit in eine Richtung 30 Min. (zzgl. Umsteigezeit in der Mittelstation), Gesamtfahrpreis für Berg- und Talfahrt GEL 10

Sie kaufen sich hier ein Ticket und fahren die erste Teilstrecke des Sessellifts bis zu dem kleinen, im Sommer verwaisten Skizentrum. Hier angekommen gehen Sie aus dem Lift rechtsherum, laufen 250 m zur nächsten Liftstation und fahren weiter zur **Bergstation Suruldi ❷**. Bei der Liftfahrt wird die Rundsicht mit zunehmender Höhe spektakulärer. Dabei haben Sie die einzigartige Bergschau jetzt auf dem Weg nach oben im Rücken und können diese deshalb später bei der Talfahrt noch viel besser genießen.

Oben befindet sich neben der Bergstation des Sessellifts das Panoramarestaurant **Café Zuruldi**, auf dessen Sonnenterrasse reihenweise Selfies mit dem Uschba als Hintergrund geschossen werden. Dessen Doppelgipfel gleicht von hier einem riesigen umgedrehten, mit seinen Wurzelspitzen in den Himmel ragenden

Doppelgipfel des Uschba

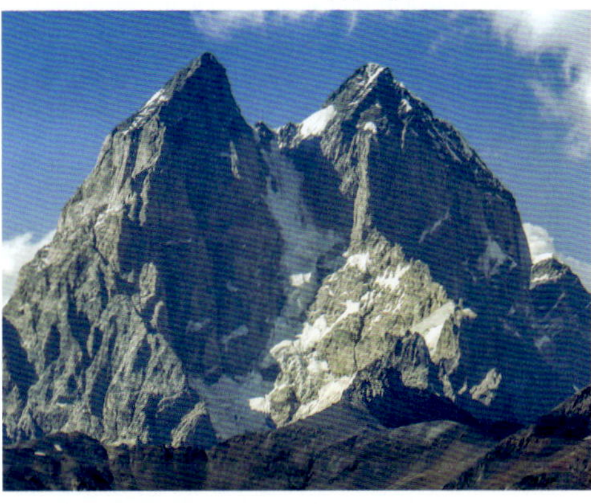

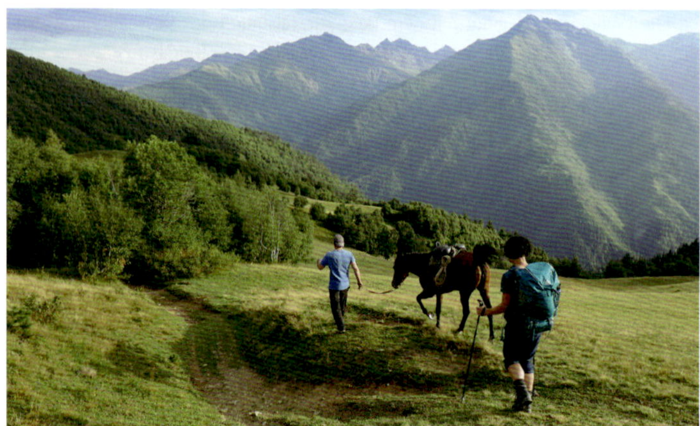

Abstieg vom Suruldi-Kamm Richtung Zwirmi

Backenzahn. Das Restaurant bietet sich besonders für eine Rast auf dem Rückweg an.

✕ Café Zuruldi, Skigebiet Hazwali, wie Sessellift, gute georgische und westeuropäische Küche sowie Kaffeespezialitäten, Kuchen und Eis

Für die eigentliche Wanderung gehen Sie von der Sesselliftstation erst gerade in die Birken hinein und dann in einem Linksbogen über eine Lichtung auf den Hauptkammweg. Diesem folgen Sie in östlicher Richtung bis auf den Mentaschi-Gipfel mit seinen schon von Weitem sichtbaren großen Funkmasten. Unterwegs zweiteilt sich der Weg und trifft sich dann wieder. Nehmen Sie an der **Weggablung** den schöneren rechten Weg.

Am **Mentaschi-Gipfel (2.473 m)** ❸ haben Sie wie auf dem gesamten Höhenweg herrliche Fern- und Tiefblicke auf Berge und Dörfer. Die bekanntesten Berge sind Uschba im Norden, Tetnuldi im Osten und Laila im Südwesten.

Zurück gehen Sie denselben Weg, den Sie gekommen sind.

Abstieg vom Mentaschi-Gipfel nach Zwirmi (5,5 km, 1 Std. 30 Min., ↑ 67 m, ↓ 676 m)

Wenn Sie die Tour zu einer kleinen Tageswanderung verlängern oder mit Tour Nr. 13 zu einer Zweitagestour kombinieren wollen, können Sie vom Mentaschi-Gipfel aus in das südöstlich gelegene Dorf Zwirmi absteigen. Wegen der steilen Passage am Anfang ist der Weg nicht für Kinder geeignet. Sonst führt die Strecke überwiegend auf schmalen Pfaden über Almwiesen und ist ausgesprochen schön. Vom **Mentaschi-Gipfel** steigen Sie zunächst sehr steil durch Wald nach Osten ab und queren unten eine Wiese, an deren Ende sich ein Fels mit einer **Gedenktafel** für zwei Bergtote befindet. Sie gehen durch Birkenwald leicht bergauf zurück auf den Kamm und folgen diesem für 1,5 km. Dann quert der Weg in die südliche Flanke des Suruldi-Kamms und nach einem weiteren Kilometer flachen Weges steigen Sie steil durch Kiefernwald nach Zwirmi ab. Auf dem Weg in die Ortsmitte kommen Sie an der **Kirche der hl. Barbara** vorbei und gegenüber befindet sich gleich die erste Familienpension des Ortes. Wenn Sie an der nächsten Weggablung links gehen, kommen Sie an einen kleinen **Kiosk** (saisonal und ohne feste Öffnungszeiten) mit überdachten Sitzgelegenheiten. Hier treffen sich abends oft die wenigen Rucksacktouristen, um in Gesellschaft ein Bier zu trinken. Wenn Sie nach der Wanderung zurück nach Mestia wollen, können Sie hier im Kiosk um die Vermittlung eines Taxis bitten. Falls Sie die Wanderung mit Tour 13 zu einer Zweitagestour kombinieren, übernachten Sie hier in Zwirmi (für allgemeine Informationen über den Ort ☞ Tour Nr. 13).

Abendstimmung über Zwirmi, im Hintergrund der Tetnuldi-Gipfel

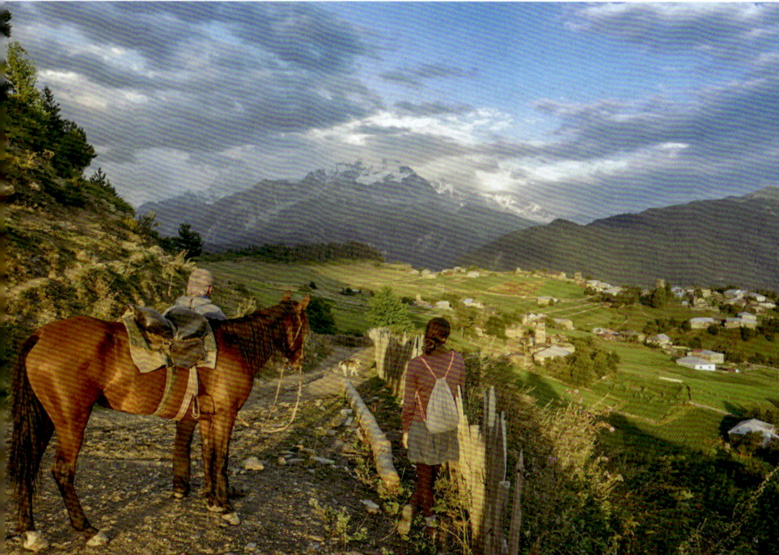

⑬ Von Zwirmi nach Mestia (über das Dorf Ieli)

Tour für Schatzsucher

Die Wanderung führt in den Teil des Enguri-Tals, der von der Landstraße Sch 7 nördlich durch ein Paralleltal umgangen wird, und deshalb noch besonders ursprünglich ist. Die Wanderung beginnt in Zwirmi, einem der schönsten Dörfer Swanetiens. Von dort führt sie an der rechten Flanke des Enguri-Tals entlang und zum Schluss über einen flachen Ausläufer des Suruldi-Kamms nach Mestia. Unterwegs passieren Sie Ieli, das letzte Dorf Swanetiens, in dem angeblich noch immer Gold gewaschen wird.

Die Tour ist eine der wenigen Wanderungen, bei der keine größeren Steigungen zu überwinden sind. Trotzdem gibt es jede Menge herrliche Ausblicke auf berühmte, schneebedeckte Berge wie Tetnuldi, Laila und Uschba.

→ Start: Kiosk in Zwirmi, N 43°00.940' E 042°48.352';
Ziel: Mittelstation Sessellift Hazwali, GPS N 43°01.769' E 042°44.040'

15,3 km

4 Std.

↑↓ 748 m/682 m

⇧ 1.735-1.978 m

mehrere Wegweiser, nicht durchgängige rot-weiße Farbmarkierungen

zwischen Zwirmi und Ieli schmaler Waldpfad, hinter Ieli unbefestigte Fahrstraße, zum Schluss ein Stück Asphaltstraße

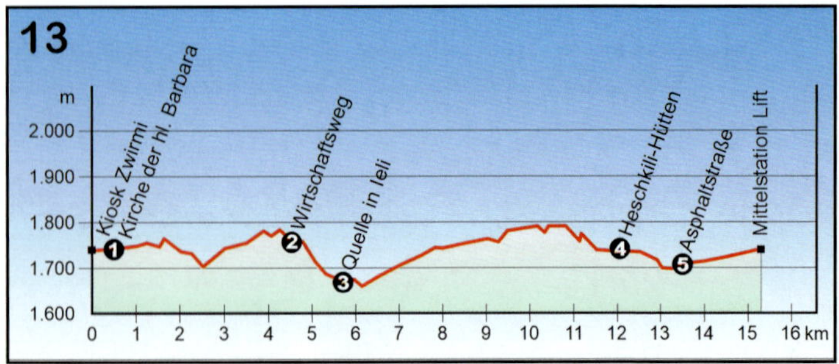

An den Heschkili-Hütten, 3,2 km vor Ende der Wanderung, gibt es Kaffee, Tee und Erfrischungsgetränke. Am Ende der Wanderung können Sie außerdem mit dem Sessellift zum Panoramarestaurant Café Zuruldi hinauffahren.

keine besonders geeigneten Rastmöglichkeiten

Getränkekiosk am Start der Wanderung

Es ist eine leichte, nicht allzu lange Wanderung auf sehr guten Wegen, sodass Sie größere Kinder gut mitnehmen können. Zum Schluss wartet die Fahrt mit dem Sessellift als Attraktion.

Da es keinen öffentlichen Nahverkehr gibt, erreichen Sie den Ausgangsort Ihrer Wanderung Zwirmi nur per Taxi. Wenn der Sessellift am Zielort der Wanderung nicht in Betrieb ist, können Sie sich von dort auch von einem Taxi abholen lassen, um die 9 km ins Stadtzentrum von Mestia zu kommen. ☺ Denken Sie daran, sich vorher die Telefonnummer eines Taxifahrers aus Mestia zu organisieren (z. B. bei einer Durchreise), den Sie dann anrufen können. Taxifahrer finden Sie in Mestia am Seti-Platz.

Vom Ziel kommen Sie mit einem Sessellift nach Mestia. Bei schlechtem Wetter bleibt der Lift allerdings geschlossen. Im Zweifel können Sie vor der Wanderung in der Touristinformation von Mestia anfragen, ob der Lift in Betrieb ist, ☞ Infos S. 34.

Dorf-zu-Dorf-Wanderung; mögliche Tourenkombinationen: 12 mit Abstieg vom Mentaschi-Gipfel nach Zwirmi (Variante), **13** oder 14, 16 mit Variante vom Tetnuldi-Skigebiet nach Zwirmi, **13**

Die Gemeinde **Zwirmi** წვირმი hat 150 Einwohner und besteht aus den Ortsteilen Sagari, Swipi, Tuberi, Lamuldi, Semo- und Kwemo-Tschobani, die weit ausgestreckt auf einer hügeligen Hochfläche über dem unten tief eingeschnittenen Enguri-Fluss liegen. In den Orten gibt es mehrere Wehrtürme und Kirchen aus dem Hochmittelalter. Die größte und kunstgeschichtlich bedeutendste Kirche ist die

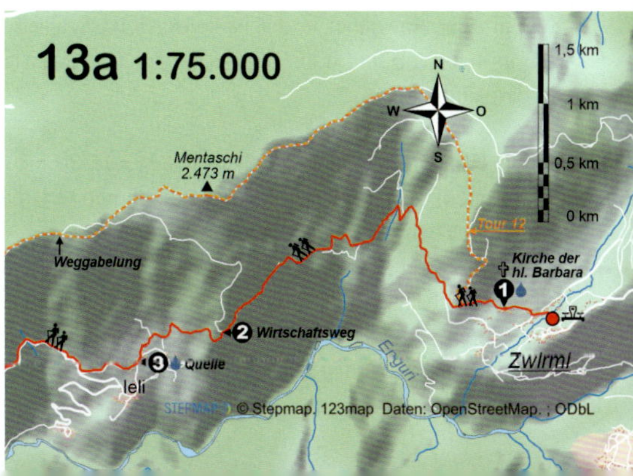

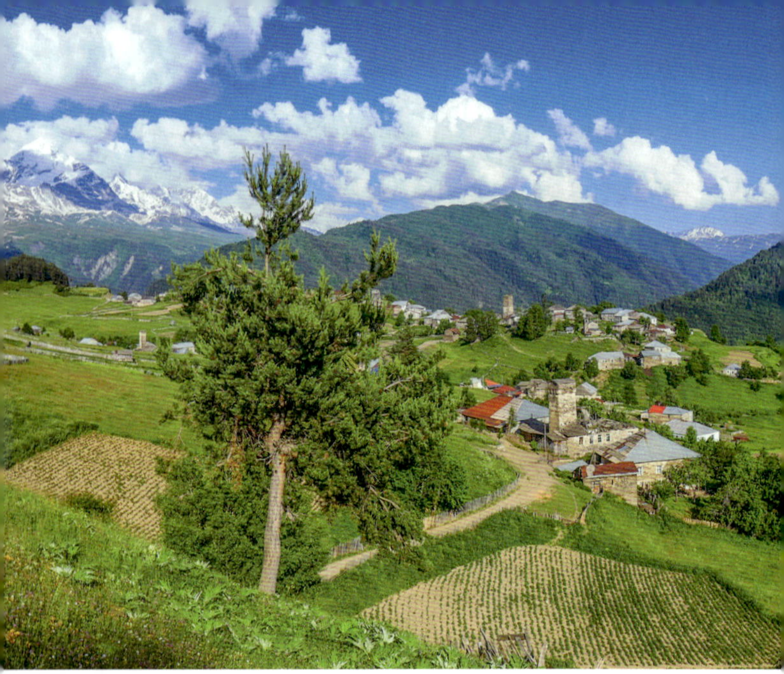

Zwirmi: Weit ausgestreckt liegt eins der schönsten Dörfer Swanetiens über

✝ **Erlöserkirche** im Ortsteil Swipi. Die Fresken der Kirche wurden von einem Schüler des berühmten Hofmalers Tewdore geschaffen. Außerdem beherbergt die Kirche ein kunstvolles Altarkreuz aus dem 12. Jh. sowie mehrere Ikonen aus dem 11. Jh. Für eine Besichtigung fragen Sie bei der Wirtsfamilie Ihrer Unterkunft in Zwirmi oder Anwohner in der Nähe der Kirche. Diese werden schnell in Erfahrung bringen, ob und wann die Kirche gegen eine kleine Spende aufgeschlossen werden kann.

Die Wanderung beginnt an dem kleinen **Kiosk** (saisonal, ohne feste Öffnungszeiten), der am Bach zwischen den oberen Ortsteilen von Zwirmi steht. Sie gehen über den Bach nach Westen.

Nach 150 m kommen Sie an eine **Weggablung**. Beide Wege führen Richtung Ieli, der nach links unten durch den Ortsteil Semo Tschobani, der nach rechts oben durch Lamuldi. Sie gehen rechts. Auf diesem Weg haben Sie später vom Dorfrand einen schönen Blick auf die gesamte Hochfläche von Zwirmi.

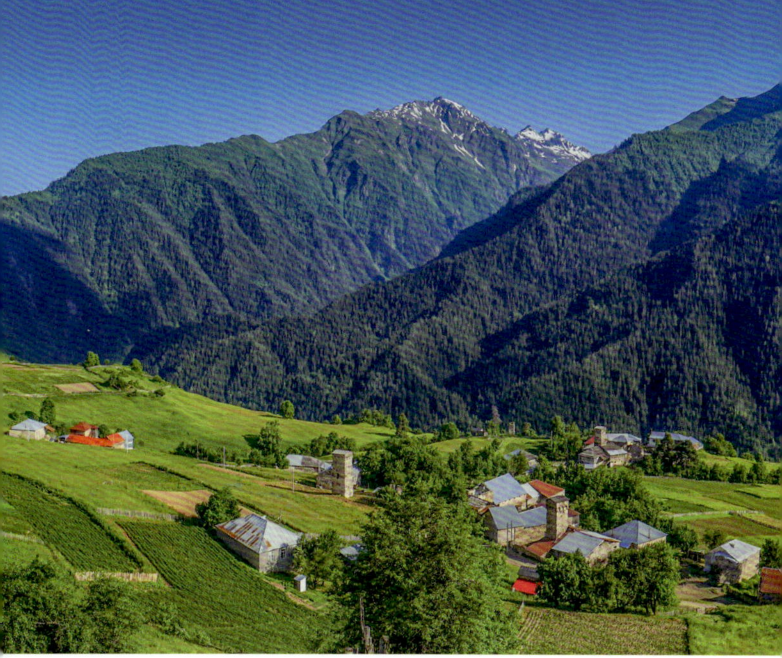

dem Enguri-Tal

Sie folgen dem Weg eng zwischen Häusern hindurch und an den folgenden Zäunen entlang und gelangen so zu den äußersten Häusern von Zwirmi. Hier befindet sich rechts die ✝ **Kirche der hl. Barbara** ❶ sowie kurz davor eine 💧 **Quelle** mit Trinkwasser.

Sie gehen nach Westen aus dem Ort hinaus und in das Enguri-Tal hinein. Am Anfang laufen Sie durch einen größeren Taleinschnitt und dann an der Bergflanke des Suruldi entlang. Die ganze Wanderung verläuft mit kleinem Auf und Ab auf mehr oder weniger gleichem Höhenniveau. An Weggablungen gehen Sie immer geradeaus. Nach Durchquerung eines Taleinschnitts führt der Weg endgültig in den Wald. 2 km nach Zwirmi stoßen Sie auf einen **Wirtschaftsweg** ❷, der vom Suruldi-Kamm herabführt und über den früher von dort das Heu mit Schlitten nach Ieli abgefahren wurde.

Sie folgen dem Weg nach unten, gehen durch einen Hohlweg und nachdem der Wald endet, blicken Sie über das Dorf Ieli mit seinen Wehrtürmen und Kirchen auf das weitere Enguri-Tal und das schneebedeckte Laila-Massiv. Sie steigen ab und gehen, ohne abzubiegen, entlang von Zäunen immer abwärts nach Südwesten zwischen den obersten Häusern hindurch bis zu einer **Weggablung im Dorf Ieli**, an der rechts der Fahrweg beginnt. Der Abzweig links führt nach unten ins Hauptdorf. Sie gehen hier rechts, wo es gleich eine **Quelle ❸** gibt.

Das Goldene Vlies

Zu den Stämmen der Kolcher, deren Heimat die Vorlage für das legendäre Land gab, in das Jason in der Argonautensage aufbricht, gehörten auch die Swanen. Da liegt es nahe, dass auch dem Mythos vom Goldenen Vlies, dem goldenen Widderfell, das Jason im Land Kolchis stehlen will, ein realer Ursprung zugrunde liegen könnte.

Mit der Frage, woher die Sage kommt, haben sich die Griechen als ihr Schöpfer selbst sehr früh beschäftigt. Der Geograf Strabon schreibt zur Zeitenwende, dass in dem Land Kolchis das Gold von den reißenden Bergflüssen herunter geschwemmt wird, dass es die Barbaren mithilfe von durchlöcherten Wannen und wolligen Fellen gewinnen und dass dies der Ursprung vom Goldenen Vlies sein soll. Das Verblüffende dabei ist, dass die von Strabon beschriebene Methode zur Goldwäsche in Swanetien tatsächlich über Jahrhunderte benutzt wurde. Von der großen Ausbeute zeugt u. a. die enorme Zahl an prächtigen Goldschmiedearbeiten aus dem Mittelalter.

Fahrstraße bei dem Dorf Ieli

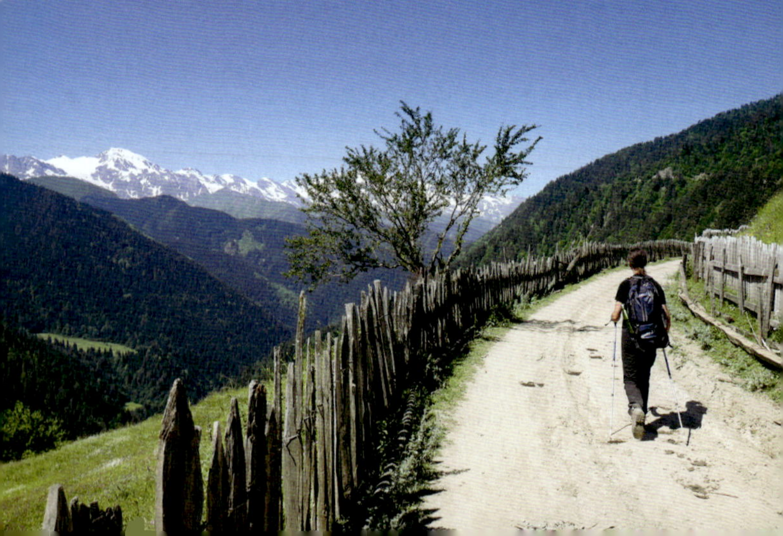

Heute soll Ieli das letzte Dorf Swanetiens sein, dessen Einwohner noch ab und zu nach der traditionellen Methode Gold waschen. Statt Widderfellen wie in der Sage werden allerdings die von Schafen benutzt und die Schürforte sind natürlich geheim.

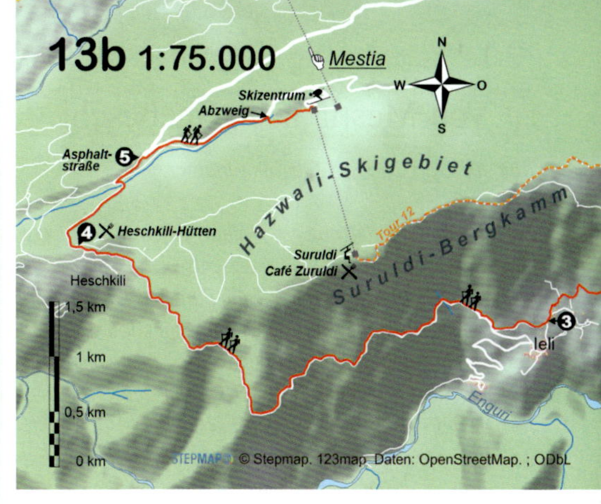

Von Ieli folgen Sie der Fahrstraße weiter nach Westen. Natürlich wandern Sie hier nicht ganz so schön wie vorher auf dem Wanderweg im Wald. Die Ausblicke sind aber weiterhin herrlich und es gibt praktisch keinen Autoverkehr. Nach 6 km kommen Sie an die ✕ **Heschkili-Hütten ❹**, mehreren Stein- und Blockhäusern mit Ferienwohnungen.

✕ Café/Getränkeausschank in den Heschkili-Hütten, Weiler Heschkili, ☏ +995/595 52 51 18, saisonal, ohne feste Öffnungszeiten

Am Gartentor zu den Hütten zweigt rechts der Weg ab, über den Sie zu Fuß in 2 Std. zur Sesselliftbergstation Suruldi aufsteigen können. Sie folgen dem Fahrweg hier weiter geradeaus, bis Sie auf die **Asphaltstraße ❺** stoßen, die von Mestia zum Hazwali-Skigebiet führt. Sie gehen rechts und folgen der Straße, bis nach 1,2 km in einer Linkskurve ein Fußweg geradeaus abzweigt. Sie nehmen diesen Abzweig und gelangen so zum Ende der Wanderung an der **Mittelstation des Sessellifts** im Hazwali-Skigebiet. Jetzt fahren Sie mit dem Lift entweder direkt nach Mestia ab oder erst noch für eine Pause im Panoramarestaurant Café Zuruldi nach oben (Infos zu Sessellift und Restaurant ☞ Tour Nr. 12).

14 Von Mestia nach Shabeschi

Tour für Dorf-zu-Dorf-Genusswanderer 

Die Wanderung hat nur am Anfang einen kleinen, etwas steileren Anstieg und führt dann über eine flache, aussichtsreiche Passhöhe in das sich von hier nach Osten hin weit ausstreckende Mulchura-Tal. Dabei könnte man den gemächlichen Abstieg ins Tal auch als „Gemeindeinspektion" bezeichnen, denn der Weg passiert entlang der flachen Nordflanke des Tals gleich fünf Dörfer der Großgemeinde Mulachi. Erst gehen Sie oberhalb an den Dörfern Sardlaschi und Murschkeli vorbei und dann unterhalb von Lachili direkt durch Shamuschi und Tscholaschi. So haben Sie unterwegs ständig wechselnde Blicke auf die unterschiedlichen Dörfer mit ihren vielen Wehrtürmen. Außerdem können Sie zu Mittag oder auf einen Kaffee in einem der Privathäuser einkehren, die am Weg Verpflegung für Wanderer anbieten.

➔ Start: Touristinformation Mestia, GPS N 43°02.614' E 042°43.503';
Ziel: Weggablung in Shabeschi, GPS N 43°02.822' E 042°52.053'

16,3 km

5 Std.

848 m/604 m

1.396-1.916 m

rot-weiße Farbmarkierungen, Wegweiser

gut ausgetretene Wanderpfade und breite, unbefestigte Dorfwege, nur eine kurze steilere Wegpassage, sonst überwiegend flach

Unterwegs in den Dörfern gibt es in der Hauptsaison mehrere einfache Einkehrmöglichkeiten in Privathäuser und Familienpensionen, z. B. in den Ortsteilen Shamuschi (km 10,7) und Tscholaschi (km 11,6). Das Getränke- und Speiseangebot wird auf Schildern an den Häusern ausgewiesen.

Der Aussichtspunkt unterhalb der Passhöhe über den Kachri-Rücken eignet sich gut für eine Rast im Gras. Außerdem gibt es im Ortsteil Shamuschi einen Holztisch mit Bänken an einer Quelle mit Trinkwasser (km 10,7).

Als Tageswanderung von Mestia aus gibt es für Kinder spannendere und kürzere Touren (☞ Tour Nr. 11, 12 und 13). Wenn Sie aber mit größeren Kindern eine etwas längere Wanderung unternehmen wollen, ist diese Tour gut geeignet.

P Parkplatz am Start der Wanderung

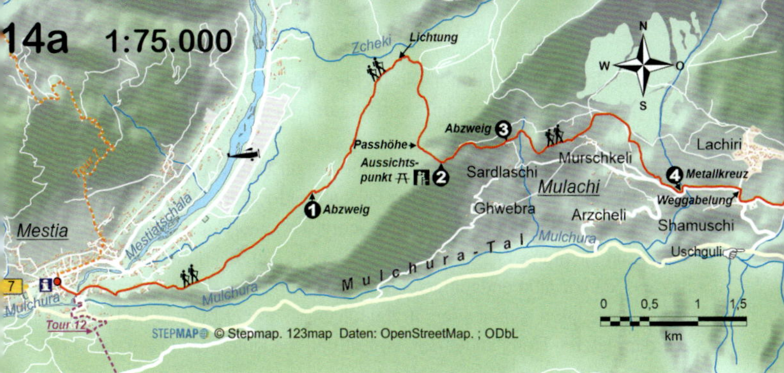

Mestia, wo die Wanderung beginnt, ist der einzige Ort in Swanetien mit Marschrutka-Anbindung. Für die An- bzw. Abreise ☞ Reise-Infos S. 11 (Anreise) bzw. S. 30 (Verkehrsmittel)

Von und nach Shabeschi, dem Zielort der Wanderung, gibt es keinen öffentlichen Nahverkehr. Wenn Sie nach der Wanderung nicht dort übernachten wollen, können Sie mit einem Taxi zurück zum Ausgangspunkt der Wanderung nach Mestia fahren. Dazu können Sie die Abholung schon vorab in Mestia vereinbaren oder Sie fragen in Shabeschi nach einem Taxi.

Dorf-zu-Dorf-Wanderung; mögliche Tourenkombinationen: 1, 7, **14**, 16, 17, 18 oder **14**, 16 mit Variante vom Tetnuldi-Skigebiet nach Zwirmi, 13

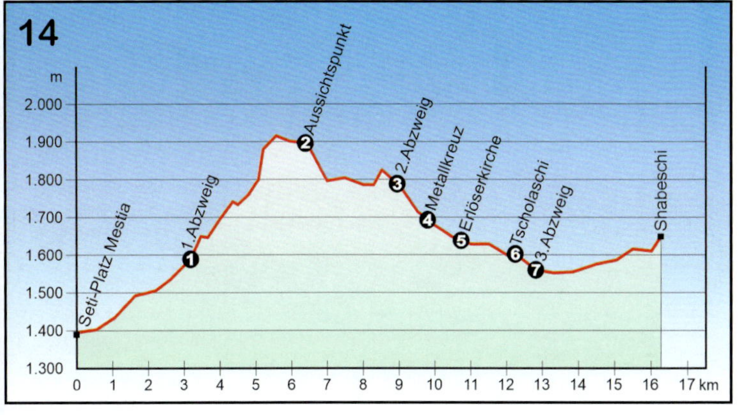

Von der **Touristinformation** in Mestia (für allgemeine Informationen über Mestia ☞ Tour Nr. 8) verlassen den Seti-Platz durch eine Hausdurchführung in südöstlicher Richtung.

Sie folgen der Awtandil-Ioseliani-Straße bis zur **Brücke über den Mestiatschala-Fluss**. Nach der Brücke biegen Sie links ab und folgen der Beschilderung und Wegmarkierung Richtung Shabeschi (Georgisch: ჟაბეში, Englisch: Zhabeshi) nach Osten Richtung Ortsausgang. Nach einem kurzen unbebauten Wegstück passieren Sie vor dem endgültigen Ortsende mehrere große Hotelkomplexe. Der hier von links unten kommenden Straße folgen Sie weiter bergauf und geradeaus. Nach dem letzten Hotel endet der Asphalt und Sie laufen weiter auf dem breiten unbefestigten Fahrweg Richtung Nordost.

Sie folgen dem Weg durch halbhohen Misch- und Tannenwald bis zu dem **Abzweig ❶** kurz vor einem zugewachsenen Gebäudekomplex. Sie sehen zwischen den Bäumen einen Turm und den überwucherten runden Speisesaal einer Turbasa, d. h. einer Touristenstation aus sowjetischer Zeit, die nie ganz fertiggestellt wurde und nun dem Verfall preisgegeben ist. Sie nehmen den Abzweig und steigen nach rechts oben auf.

Die Dörfer der Mulachi-Gemeinde im Mulchura-Tal

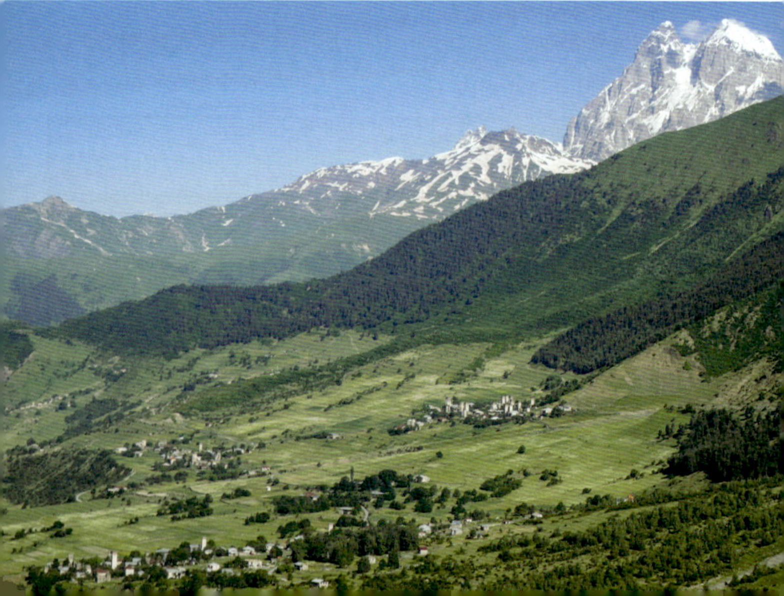

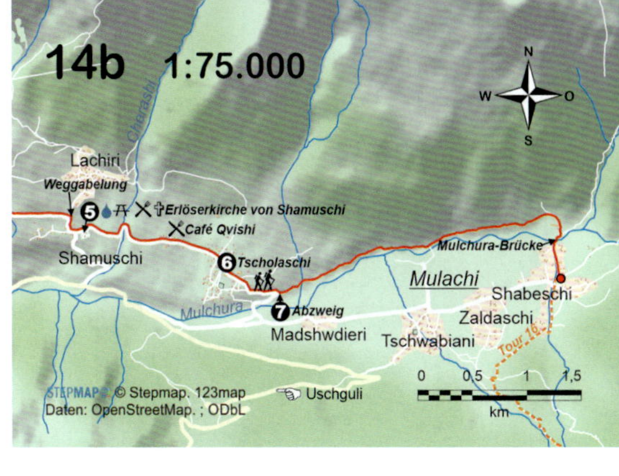

Der Weg führt leicht ansteigend durch von Bäumen durchzogenes Weideland zu einer **Lichtung am nahen Hochwald**. Hier beginnt der einzige steilere Abschnitt der Wanderung. Sie gehen nach Osten und steigen auf einem schmalen Waldweg knapp 100 Höhenmeter auf.

Oben treffen Sie auf einen breiteren, flachen Weg, dem Sie nach rechts folgen. Sie gehen nun nach Süden und queren flach über zwei große Wiesen den Rücken des Berges Kachri. Verpassen Sie nicht, sich auf diesem Wegstück auch einmal umzudrehen, denn hinter Ihnen zeigen sich zum Abschied die Ostwände von Uschba und Tschatin-Tau sowie der Tschalahdi-Gletscher. Nach einer wirklich flachen **Passhöhe** laufen Sie auf eine ebene Feuchtwiese hinaus, an die sich der Rest eines verlandeten Sees anschließt. Sie gehen rechts am See vorbei und erreichen so den Rand eines kleinen Plateaus, das einen schönen **Aussichtspunkt ❷** mit Blick auf das Mulchura-Tal bildet. Die Wiese auf dem Plateau eignet sich gut für eine Rast im Gras.

Von hier beginnt der Weg durch die entlang der Nordseite des Tals gelegenen Dörfer der Mulachi-Gemeinde. Vom Pass gehen Sie abwärts an der Talflanke entlang bis zu einer Hausruine, die rechts am Weg steht. Hier gehen Sie nicht geradeaus und dann nach rechts unten zum Dorf Sardlaschi, sondern nehmen den **Abzweig ❸** halb links und folgen dem schmalen Pfad aufwärts, der dann weiter oben am Hang entlangführt. Sie gehen oberhalb an dem oberen Ortsteil von Murschkeli vorbei und schlagen dann einen Bogen bergauf nach Norden, bevor Sie immer dem Fahrweg folgend abwärts nach Südosten laufen. Dort, wo sich der Fahrweg gabelt, nehmen Sie den **Abzweig links** und erreichen ein Stück weiter unten erst den Dorfweg, der hier von Murschkeli herkommt, und dann ein **Metallkreuz ❹**, das am Wegesrand steht.

Es gibt auch Wegevarianten, die direkt durch die Dörfer Sardlaschi und Murschkeli hindurchführen anstatt oberhalb an ihnen vorbei. Diese Wege treffen hier alle wieder zusammen.

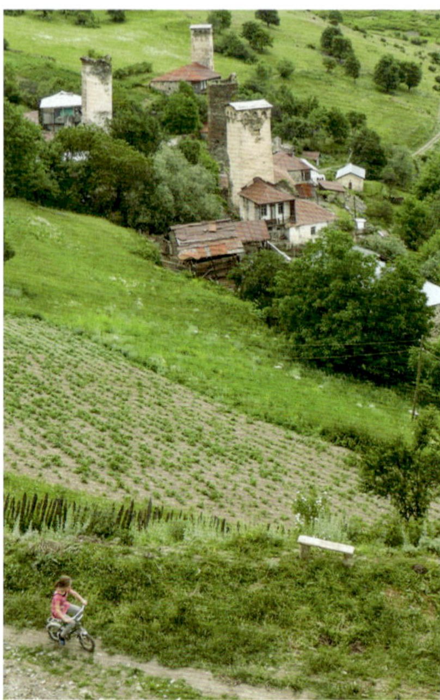

Das Dorf Murschkeli im Mulchura-Tal

Vom Metallkreuz gehen Sie weiter nach Osten bis zu der **Weggablung**, an der es nach links oben zum Dorf Lachiri und nach rechts unten ins Dorf Shamuschi geht.

Sie gehen rechts nach Shamuschi und laufen in der Dorfmitte halb links nach Osten. Kurz vor dem Ortsausgang befindet sich rechts eine hohe, von Turmhäusern flankierte Einfriedung, in deren Mitte die berühmte ✝ **Erlöserkirche von Shamuschi ❺** steht. Der Zugang erfolgt durch ein Holztor. Vor dem Holztor steht ein Picknicktisch und es gibt eine **Quelle**. Im einzigen bewohnten Haus innerhalb der Mauer können Sie bei Anwesenheit der Bewohner ✕ Getränke und Chatschapuri kaufen und nach dem Schlüssel für die Kirche fragen. Die Kirche stammt aus dem 10. bis 11. Jh., hat Fresken aus dem 13. Jh., die einen Zyklus religiöser Feste zeigen, und beherbergt Ikonen aus dem 10. bis 17. Jh.

Von Shamuschi folgen Sie dem Fahrweg weiter nach Tscholaschi. Bei den ersten Häusern des weitläufigen Dorfes befindet sich links am Weg ein kleines familiengeführtes Restaurant.

✕ Café Qvishi, saisonal, ohne feste Öffnungszeiten, einfache regionale Gerichte, die auf Wunsch zubereitet werden

Sie folgen weiter dem Fahrweg und laufen immer in südöstlicher Richtung und vorbei am großen zentralen Platz der Hauptsiedlung durch das gesamte Dorf **Tscholaschi ❻.**

Nach dem Dorf führt der breite Fahrweg in einer langen Spitzkehre zum Mulchura-Fluss hinunter. Im Scheitel der Kehre verlassen Sie den Hauptweg und folgen dem **Abzweig** ❼ Richtung Osten.

Sie queren den breiten Schotterkegel eines nördlichen Zuflusses des Mulchura und laufen dann immer am Ufer des Mulchura 1,5 km weiter ins Tal hinein. Kurz vor dem Talende, d. h. dem Zusammenfluss der beiden Quellflüsse des Mulchura, gehen Sie einen kleinen Bogen um die eingezäunten Weidewiesen am Flussufer herum und erreichen so die **Mulchura-Brücke**, über die der Weg auf die andere Flussseite und von dort ins Dorf Shabeschi hinaufführt, wo die Tour endet.

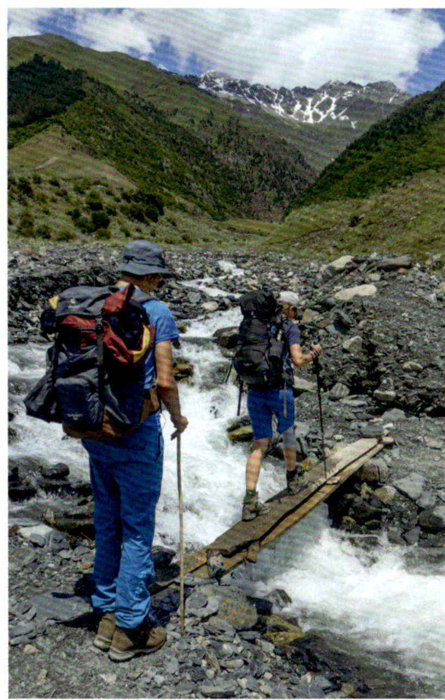

Querung des Bachs Cherashi kurz nach dem Dorf Shamuschi (md)

Shabeschi ჟაბეში ist der östlichste Ortsteil der weitläufigen Talgemeinde Mulachi, die aus insgesamt elf Dörfern besteht. Shabeschi liegt ganz am Ende des Tals am Zusammenfluss von Zaneri und Twiberi, die dann zusammen den Mulchura bilden. Es hat landschaftlich die schönste Lage von allen Dörfern im Tal und ist Ausgangspunkt für eine sehr schöne Wanderung in die Twiberi-Schlucht (☞ Tour Nr. 15). Außerdem ist es Etappenort bei der klassischen Mehrtageswanderung von Mestia nach Uschguli. Shabeschi hat nur knapp 100 Einwohner. Fast alle Familien bieten für Wanderer Übernachtungsmöglichkeiten mit Vollverpflegung an. ☺ Übernachten Sie in Shabeschi und hat das Haus Ihrer Wirtsfamilie einen Wehrturm, fragen Sie, ob Sie diesen besteigen können.

15 Von Shabeschi zur Lamaria-Kirche

Tour für Schluchtenpilger

Ziel der Wanderung ist die Lamaria-Kirche, die wie eine Aussichtskanzel auf dem östlichen Felsrücken der nördlich von Shabeschi beginnenden Twiberi-Schlucht liegt. Der Weg führt oberhalb der Schlucht ins Twiberi-Tal und dann von hinten auf die Bergkuppe mit der kleinen mittelalterlichen Kirche. Die Wanderung ist kurz, mit ihren 1.000 m Höhenunterschied aber durchaus fordernd. Das Gute dabei ist, dass sich beim Aufstieg steilere Passagen immer wieder mit flachen abwechseln, sodass Sie sich nicht zu sehr verausgaben. Außerdem lenken ständig wechselnde Ausblicke von der Anstrengung ab. Wer Höhenangst hat, sollte aber besser auf die Wanderung verzichten, denn in der Schlucht führt der Weg direkt am hohen Abgrund entlang.

Start/Ziel: Weggablung in Shabeschi, GPS N 43°02.822' E 042°52.053'

9,9 km

4 Std.

968 m/968 m

1.630-2.290 m

keine Farbmarkierungen, aber mehrere Wegweiser mit einem aufgemalten Kreuz und der georgischen Aufschrift „ღვთისმშობლის ტაძარი ‚ლამარია'" „*ghwtismschoblis tadsari ‚lamaria'*", d. h. „Muttergotteskirche ‚Lamaria'"

Schmale Bergpfade durch Wald und über Wiesen, teilweise recht steil und steinig. Es gibt eine kurze Passage, bei der der Weg direkt am tiefen Abgrund der Twiberi-Schlucht entlangführt. Der Weg ist aber sicher, Sie müssen nur auf ihm bleiben! Trekkingstöcke sind hilfreich!

keine Einkehrmöglichkeiten

Die überwältigte Aussicht am Tagesziel der Wanderung (km 5) lädt zu einer längeren Rast ein. Sitzen können Sie auf Felsblöcken nahe der Kirche.

Wegen der Absturzgefahr auf dem Weg durch die Schlucht ist die Tour nicht für Kinder geeignet.

Da es keinen öffentlichen Nahverkehr nach Shabeschi, den Start- und Zielort Ihrer Wanderung, gibt, sind Sie für die An- und Abreise auf ein Taxi angewiesen.

Die Wanderung führt in die Nähe des Grenzgebietes zu Russland. Die Kontrollstelle der Grenzpolizei müssen Sie aber unterwegs nicht passieren, sondern nähern sich ihr nur bis auf 200 m. Sie benötigen deshalb keinen Passierschein, sollten aber für alle Fälle Ihren Reisepass dabeihaben.

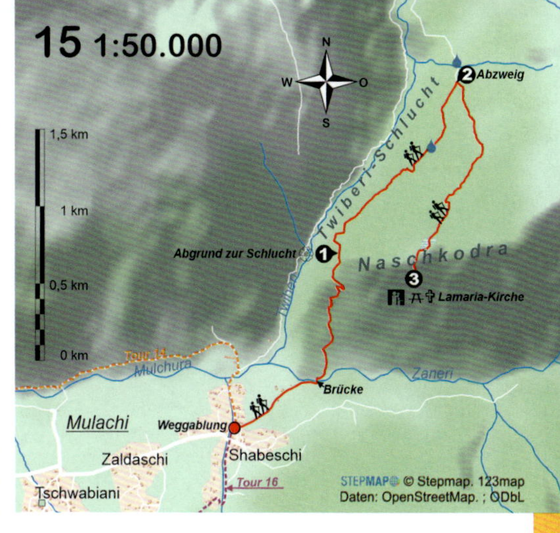

Die Wanderung folgt dem Pilgerweg, den die Bewohner von Shabeschi (für allgemeine Informationen zum Ort ☞ Tour Nr. 14) jedes Jahr am 28. August nehmen, um an der Lamaria-Kirche das Marienfest Mariamoba zu feiern. Von der **Weggablung** in Shabeschi folgen Sie dem Weg nach Nordosten und gehen entlang von Zäunen durch die äußeren Häuser des Dorfes zum Fluss Zaneri hinunter.

Sie gehen ein Stück aufwärts am Fluss entlang und dann über die **Brücke.** Nach der Brücke gehen Sie rechts. Hier folgen Sie aber nicht den Uferwiesen ins schöne Zaneri-Tal hinein, sondern gehen nach 60 m links und steigen am Berghang in nördlicher Richtung auf.

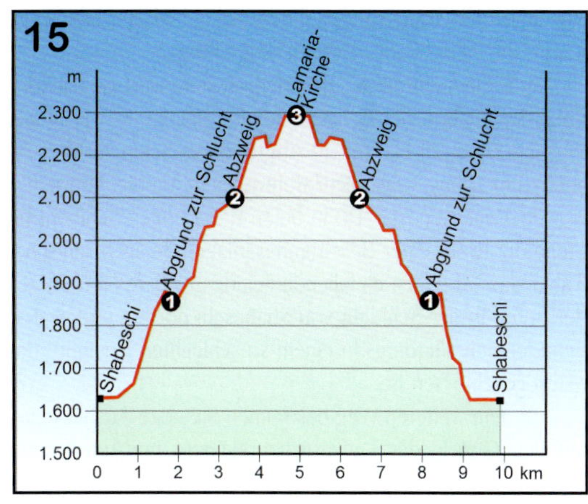

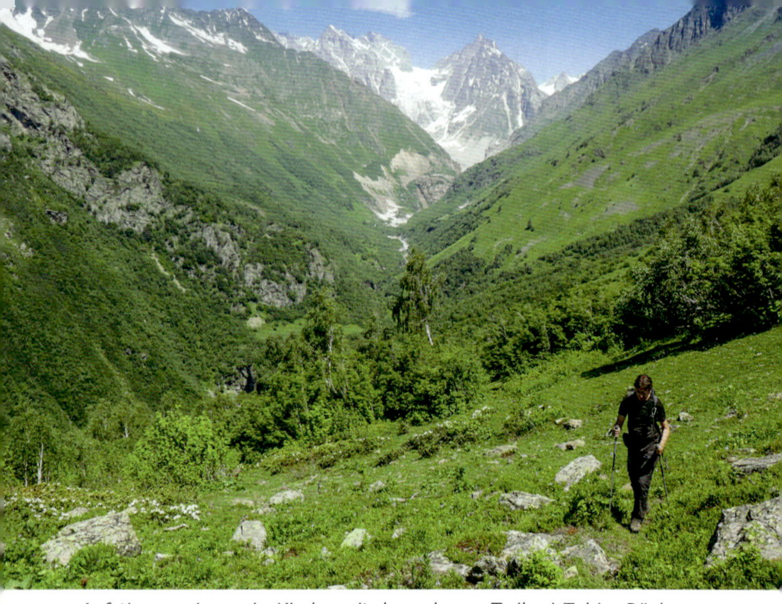

Aufstieg zur Lamaria-Kirche mit dem oberen Twiberi-Tal im Rücken

Sie gehen an einem mittelalterlichen Beobachtungsturm vorbei und erreichen durch gelb blühende Azaleenbüsche und halbhohe Bäume den Hochwald. An der **Weggablung** im Wald gehen Sie steil nach rechts oben. Es folgt der steilste Abschnitt der Wanderung, auf dem Sie ein felsiger Hohlweg auf den auslaufenden Kamm des Naschkodra-Bergrückens bringt.

Nach Überschreitung des Bergrückens wird es flacher und Sie laufen hoch über der Twiberi-Schlucht an der Bergflanke ins Tal hinein. Dabei verläuft der Weg ein Stück direkt am ❁ **Abgrund zur Schlucht ❶**, was Sie aber – vielleicht auch zum Glück – fast nicht wahrnehmen, da die Abbruchkante von kleinen Tannen überwachsen ist. 200 m tiefer in der engen Schlucht befinden sich an dieser Stelle die Reste einer Befestigungsanlage, die als Swanisches Tor bekannt ist und früher das Tal gegen einfallende Feinde aus dem Norden gesichert hat. Der Weg, der unten in der Schlucht von Shabeschi dorthin und weiter ins Twiberi-Tal führt, befindet sich allerdings in einem so schlechten Zustand, dass er zurzeit für Touristen geschlossen ist.

Auf dem weiteren Weg bekommen Sie erste Ausblicke in das obere Twiberi-Tal mit den Gipfeln des Kaukasushauptkamms und unterwegs gibt es auch eine 💧 **Quelle**.

Sie folgen weiter dem Weg und kommen nach 500 m an einen **Abzweig ❷**. Der Weg geradeaus führt weiter ins Twiberi-Tal hinein, wo Sie nach 200 m auf die Kontrollstelle der georgischen Grenzpolizei stoßen würden. Die Grenzposten haben sich dort in einer idyllischen Hirtenhütte einquartiert. Es ist sogar möglich, weiter das Tal hochzuwandern, allerdings ist der Weg nach dem Grenzposten völlig verwachsen und schwer zu finden. Außerdem hätten Sie sich dafür am Vortag Ihrer Wanderung beim Quartier der Grenzpolizei in Shabeschi melden und einen Passierschein ausstellen lassen müssen.

Sie gehen am Abzweig also scharf rechts und steigen in südlicher Richtung auf den untersten Ausläufer des Naschkodra-Rückens auf. Dabei gehen Sie erst durch einen Lawinenstrich mit von der Schneelast gebogenen Birken. Oberhalb der Birken haben Sie eine herrliche Sicht in das Twiberi-Tal mit dem gleichnamigen Gletscher. Nach einer Lichtung gehen Sie in hohen Laubwald hinein und queren durch diesen flach an der Talflanke. In diesem flachen Abschnitt gibt es ein morastiges Wegstück, das Sie je nach aktueller Feuchtigkeit des Bodens etwas umgehen müssen. Dann kommt ein letzter kurzer Aufstieg zu einer schönen, von alten Birken umgebenen Lichtung, über die Sie zum Ziel der Wanderung, der kleinen Kirche ❸, gelangen.

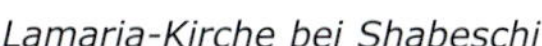

Lamaria-Kirche bei Shabeschi

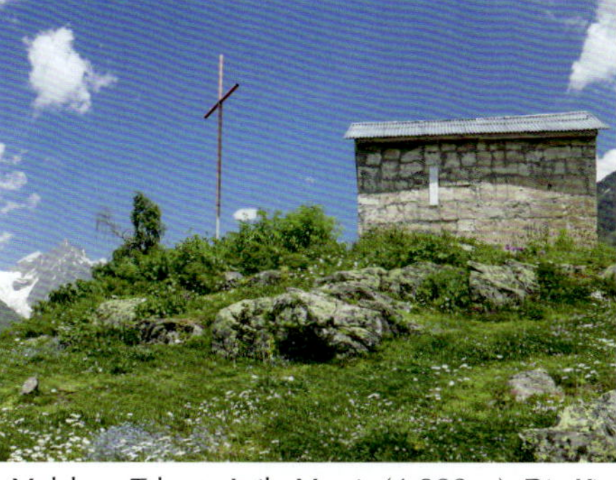

Die **Muttergotteskirche Lamaria** befindet sich auf der untersten Erhebung des Naschkodra-Bergkamms, der von hier weiter zum Twiberi-Gipfel ansteigt. Ihre Lage an der nach Süden steil abfallenden Felswand gleicht einer Aussichtskanzel und bietet herrliche Ausblicke nach Osten zum Tetnuldi-Gipfel (4.858 m) und nach Südwesten über das Mulchura-Tal zum Laila-Massiv (4.009 m). Die Kirche stammt aus dem Hochmittelalter. Sie wurde gerade vollständig saniert und ist mit vielen neuen Ikonen ausgestattet. Die Kirche ist offen und kann besichtigt werden. Bei schönen Wetter bietet sich ein Picknick auf einem der Felsblöcke unterhalb der Kirche oder im Schatten der Kirchenmauern an.

Für den Weg zurück folgen Sie genau der Aufstiegsroute.

16 Von Shabeschi nach Adischi

Tour für Frühaufsteher

Die Wanderung beginnt mit einem langen und recht steilen Anstieg, den Sie aber, wenn Sie zeitig aufbrechen, in Schatten und angenehmer Morgenkühle hinter sich bringen können. Zudem folgt dieser Anstrengung ein flacher, wirklich leichter Abstieg, sodass am Ende der Wanderung alle Mühe vergessen ist. Auf halbem Weg queren Sie die Pisten des neu gebauten Tetnuldi-Skigebiets. Das nimmt der Wanderung etwas den sonst für Swanetien so typischen Charme ursprünglicher Natur- und Kulturlandschaft. Der kurze, waldlose Abschnitt bietet aber herrliche Ausblicke und es gibt die Möglichkeit, hier zur Mittagszeit einzukehren. Außerdem ist der zweite Teil der Wanderung umso ursprünglicher und das Tourenziel, das entlegene Einzeldorf Adischi, schon für sich eine Attraktion.

→ Start: Weggablung in Shabeschi, GPS N 43°02.822' E 042°52.053';
Ziel: kleiner Platz unterhalb der Erlöserkirche in Adischi, GPS N 42°59.870' E 042°54.830'

10,5 km

4 Std.

↑↓ 981 m/502 m

⇧ 1.639-2.480 m

rot-weiße Farbmarkierungen, Wegweiser

Meist schmale Bergpfade, zwischendurch im Skigebiet ein Stück über Schotterpisten und auf Fahrwegen. Dem steilen Aufstieg folgt in der zweiten Hälfte der Wanderung ein gemächlicher Abstieg. Trekkingstöcke sind empfehlenswert

Im Tetnuldi-Skigebiet gibt es bei km 3,2 und km 4,1 der Wanderung zwei Hotels, in deren Restaurants Sie zu Mittag georgische Gerichte essen können.

In den zwei kleinen Tälern auf dem Weg zwischen Tetnuld-Skigebiet und Adischi bietet es sich an, neben den Bachläufen in der Wiese zu rasten (km 6,9 und 8,5). In dem zweiten Tal gibt es sogar einen Unterstand.

Wegen des langen, anstrengenden Aufstiegs ist die Tour nicht für Kinder zu empfehlen. Ohne diesen Aufstieg als verkürzte Variante (☞ ☺) ist sie aber sehr gut geeignet.

Für die Anreise nach Shabeschi ☞ Tour Nr. 15. Die hier beschriebene Tour ist die zweite Etappe der klassischen 4-Tages-Wanderung von Mestia nach Uschguli und wird deshalb überwiegend von Wanderern gegangen, die in Adischi, dem Endpunkt der Tour, übernachten und am nächsten Tag weiter zu Fuß über den Tschchutnieri-Pass nach Iprali gehen. Wenn Sie die Tour als Tageswanderung unternehmen, können Sie am Abend bei den Einheimischen in Adischi nach einem Taxi für die Abreise fragen.

☺ Als Tagestour unternommen lässt sich die sonst durch den langen Aufstieg zum Beginn sehr anstrengende Wanderung zu einer echten Genusstour verkürzen, indem Sie sich mit dem Taxi nicht zum eigentlichen Start nach Shabeschi, sondern ins Tetnuldi-Skigebiet fahren lassen und dort bei der Hälfte der Strecke einsteigen.

Dorf-zu-Dorf-Wanderung; mögliche Tourenkombinationen: 1, 7, 14, **16**, 17, 18 oder 14, **16 mit Variante vom Tetnuldi-Skigebiet nach Zwirmi**, 13

Vom Startpunkt der Wanderung, der **Weggablung in Shabeschi** (für allgemeine Informationen zum Ort ☞ Tour Nr. 14), folgen Sie dem Fluss bergauf nach Süden.

Am Ortsrand gehen Sie nach rechts über die **Brücke** und laufen auf der anderen Seite durch Zäune am obersten Haus und Turm des Dorfes vorbei.

Sie folgen dem Weg nach Südwesten, passieren einen Abzweig, der rechts ins Nachbardorf Zaldaschi führt, und erreichen dann eine Kreuzung von Berg- und Viehpfaden. Nach rechts geht es hinunter zum Dorf Tschwabiani und links beginnt eine **alternative Aufstiegsroute ❶**, die etwas weiter östlich zu Ihrem Weg hinauf zum Tetnuldi-Skigebiet führt.

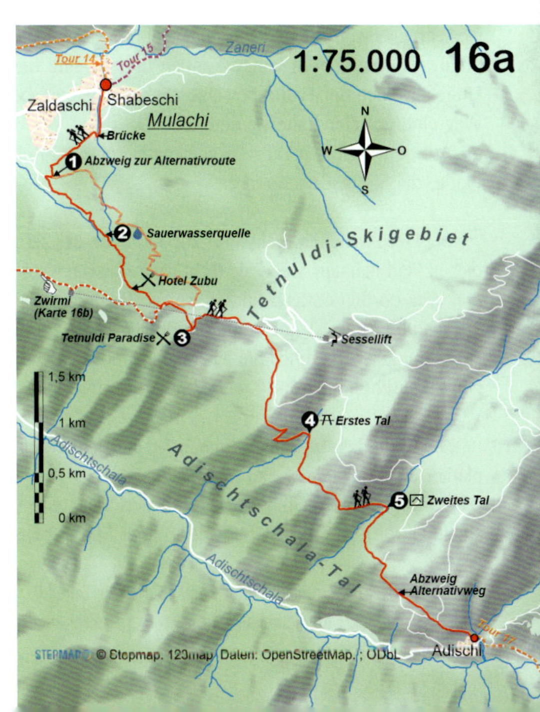

Sie gehen hier weiter bergauf nach Süden. Dieser Weg ist etwas direkter und da er erst weiter oben vom offenen Gelände in den halbhohen Wald hineinführt, haben Sie hier eine bessere Sicht zurück auf das Mulchura-Tal mit den vielen kleinen Dörfern der Mulachi-Gemeinde und

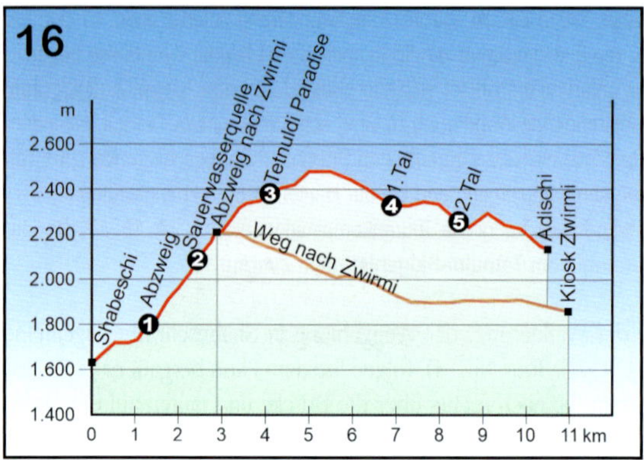

den beiden Bergspitzen des Uschba, die wie Hasenohren hinter dem grünen Bergrücken der nördlichen Talflanke hervorluken. Unterwegs verläuft der Hauptweg streckenweise in einer Rinne, wobei Sie manchmal auch links oder rechts oben auf den Flanken laufen können und so eine bessere Sicht ins Tal haben. Ungefähr nach der Hälfte des eigentlichen Aufstiegs befindet sich direkt auf dem Weg eine kleine **Sauerwasserquelle** ❷.

Auf dem weiteren Weg bergauf passieren Sie zwei nach rechts abzweigende Pfade, die Sie beide ignorieren.

Der zweite **Abzweig** führt zur Talstation des Tetnuldi-Sessellifts. Sie können diesen Pfad nehmen, wenn Sie nicht nach Adischi, sondern nach Zwirmi laufen und den Weg dorthin etwas abkürzen wollen. Dazu folgen Sie dem Pfad immer bergan in Richtung Südwest und wenn Sie oben bei den großen Gebäuden im Skigebiet angekommen sind, gehen Sie nach rechts und steigen in die weiter unten beschriebene Wegführung ein. (vgl. Variante vom Tetnuldi-Skigebiet nach Zwirmi).

Am Ende des Aufstiegs kommen Sie aus dem Wald heraus und an der breiten, planierten **Skipiste** des Tetnuldi-Skigebiets an. Hier befindet sich nur 100 m rechts unterhalb von Ihnen am Rand der Skipiste das 2020 ganz neu gebaute kleine Hotel Zubu, das sich ideal für einer Mittagspause anbietet.

Café/Restaurant im Hotel Zubu, Skigebiet Tetnuldi, ☏ +995/599 20 25 59 (Russisch), teogiglemiani@gmail.com, saisonal und ohne feste Öffnungszeiten

Für den Weiterweg überqueren Sie die Skipiste schräg aufsteigend in südöstliche Richtung. Unter den Stahlseilen des Sessellifts erreichen Sie einen Fahrweg, von dem der Zufahrtsweg zu einem zweiten, auf einer Bergkuppe gelegenen Hotel abzweigt.

Sie folgen dieser Zufahrt und erreichen in einem großen Bogen das nahe ✗ Guest House **Tetnuldi Paradise ❸**. Das Hotel hat im Erdgeschoss ein kleines Restaurant mit Panoramafenstern und ist die zweite Möglichkeit, um hier im Skigebiet eine Mittagspause zu machen.

✗ Panoramarestaurant im Guest House Tetnuldi Paradise, ☏ +995/568 68 42 77, Skigebiet Tetnuldi, saisonal und ohne feste Öffnungszeiten

Skigebiete in Swanetien

Obwohl Georgien um die Hälfte größer ist als die Schweiz, gibt es insgesamt gerade einmal fünf – noch dazu nicht sehr große – Skigebiete. Zwei davon, Hatsvali und Tetnuldi, liegen in Swanetien.

Das Hatsvali-Skigebiet befindet sich direkt südlich von Mestia. Es ist wirklich klein, aber da seine Pisten durch Hochwald führen, ist es sehr windgeschützt.

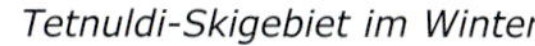

Tetnuldi-Skigebiet im Winter

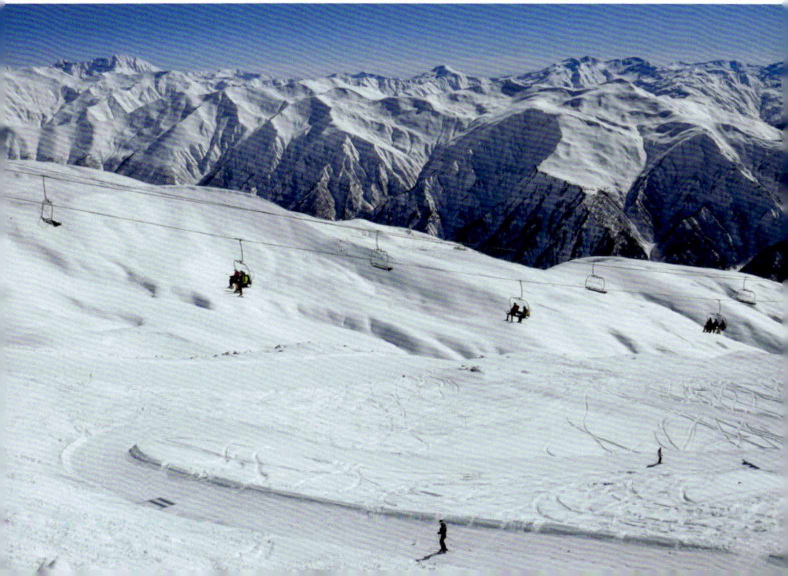

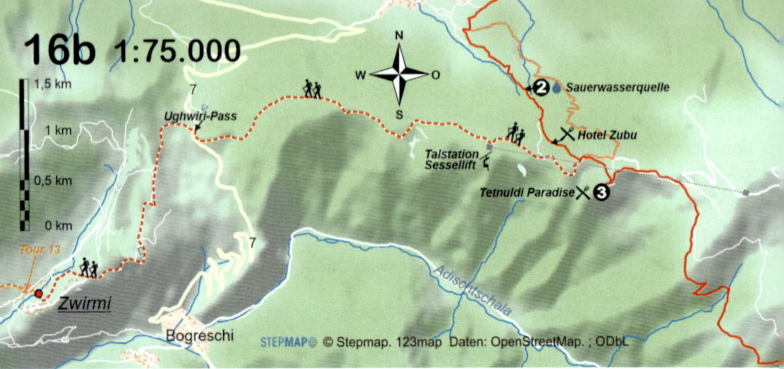

Damit ist es eine gute Alternative zum Tetnuldi-Skigebiet, wenn dort Sturm herrscht.

Das bedeutendere Skigebiet in Swanetien ist aber das erst 2016 völlig neu eröffnete Tetnuldi-Skigebiet. Hier befördern vier moderne Sessellifte die Gäste auf eine Höhe von 2.265 bis 3.160 m. Es gibt insgesamt 30 km perfekt präparierte blaue und rote Pisten. Zudem macht das weitläufige Gelände abseits der Pisten das Skigebiet für Variantenfahrer interessant und es ist auch ein beliebter Ausgangspunkt für Tourengeher. Der Tagesskipass kostet GEL 40.

Vom Tetnuldi-Skigebiet nach Zwirmi (8,6 km, 2 Std. 30 Min., ↑ 97 m, ↓ 595 m)

Wenn Sie vom Guest House Tetnuldi Paradise nicht weiter Richtung Adischi, sondern nach Zwirmi wandern möchten, gehen Sie auf bekanntem Weg bis zum **Beginn des Hotelzufahrtsweges** zurück, biegen dort nach links ab und laufen auf dem breiten Fahrweg hinab zur **Talstation des Sessellifts**. Von dort folgen Sie der Zufahrtsstraße des Skigebiets bis zum **Ughwiri-Pass**, überqueren auf dem einzigen Zebrastreifen Swanetiens die Landstraße Sch 7, die von Mestia nach Uschguli führt, und biegen auf der anderen Straßenseite hinter dem Bushäuschen links in den Wald ab. Diesem Fahrweg folgen Sie bis nach Zwirmi. Unterwegs haben Sie immer wieder sehr schöne Ausblicke und werden so etwas dafür entschädigt, dass es eigentlich nicht so viel Spaß macht, auf breiten Fahrwegen zu wandern. Diese Wegvariante wird eigentlich nur von Wanderern benutzt, die die 3-Tages-Rundwanderung von Mestia via Shabeschi und Zwirmi zurück nach Mestia unternehmen (Tourenkombination14, 16 einschließlich Variante, 13).

Um Ihre Wanderung Richtung Adischi fortzusetzen, folgen Sie vom Tetnuldi Paradise Guesthouse der Planierraupenspur, die in einem kurzen, steilen Anstieg von dort zum Fahrweg oberhalb führt. Oben angekommen gehen Sie rechts und folgen dem Fahrweg, bis rechts ein **Wanderpfad** abzweigt. Hier beginnt der schönste Teil der Wanderung.

Sie folgen dem Wanderweg leicht abfallend mit nur kurzen Gegenanstiegen in das idyllische Adischtschala-Tal hinein. Dabei laufen Sie entlang des Berghangs durch zwei kleine Kehltäler mit Bach. Das **erste Tal ❹** bietet sich bei schönem Wetter für ein ⛼ Picknick auf der Wiese an und im **zweiten Tal ❺** steht eine verwaiste Holzhütte, in der Sie bei schlechtem Wetter Pause machen können.

Kurz vor Adischi biegt rechts ein **Alternativweg** ab, der über die Heuwiesen zum unteren Ortseingang des Dorfes führt. Sie aber gehen weiter geradeaus und erreichen so Adischi von oben. Dabei versteckt sich der wildromantische Ort bis fast ganz zum Schluss und taucht dann völlig unvermittelt unter Ihnen auf.

Die kleine Dorfgemeinschaft **Adischi** ადიში war in der Geschichte ein bisschen als räuberisch verschrien und ihre Einwohner als besonders eigenwillig und unbeugsam bekannt. Tatsächlich gleicht der Ort mit seiner Lage an der Talenge

Adischi (as)

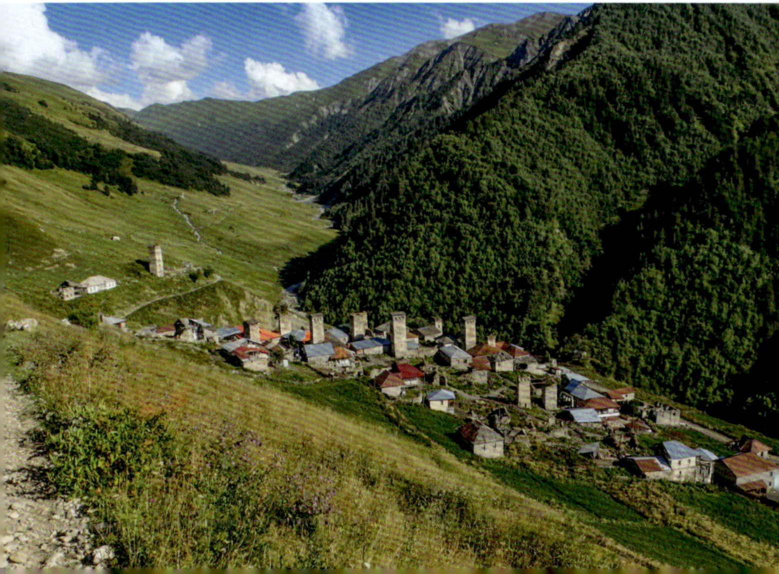

zum oberen Adischtschala-Tal und seinen vielen Wehrtürmen auch ein bisschen einem mittelalterlichen Räubernest. Die heutigen Bewohner sind aber sehr herzlich und ganz auf Touristen eingestellt. Fast jede Familie bietet Übernachtungen an.

Leider sieht man dem Ort noch die schweren Schäden des Katastrophenwinters von 1987 an. Damals wurde das Dorf nach schweren Schneefällen nahezu vollständig durch gewaltige Lawinen zerstört. Unbeschadet stehen geblieben sind eigentlich nur die ♜ Wehrtürme, die eben nicht nur Schutz gegen Feinde, sondern auch vor Naturgewalten bieten. Die Türme sind mit einer Kante gegen den Berghang ausgerichtet, sodass sie Lawinen wenig Widerstand bieten, und tiefe, wuchtige Fundamente erhöhen die Standfestigkeit. Nach dem Unglück wurde die Bevölkerung umgesiedelt und das Dorf war fast 20 Jahre nahezu unbewohnt. Erst mit dem Aufkommen des Wandertourismus kehrten einige Familien zurück und immer mehr Häuser werden instand gesetzt. Zurzeit hat Adischi etwas über 50 Einwohner.

✞ In Adischi gibt es drei Kirchen: am unteren Ortsende die **Kirche des hl. Georg**, am oberen Ortsende die **Erlöserkirche** und östlich etwas außerhalb des

Wehrtürme von Adischi

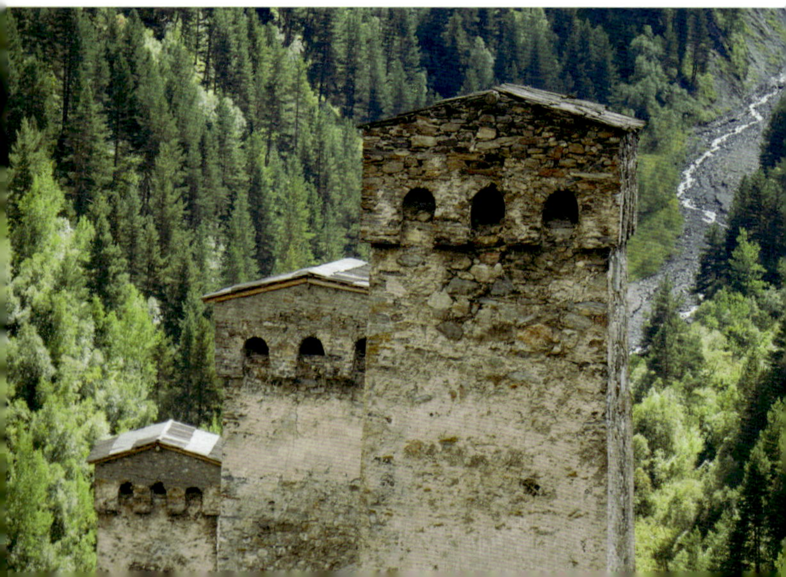

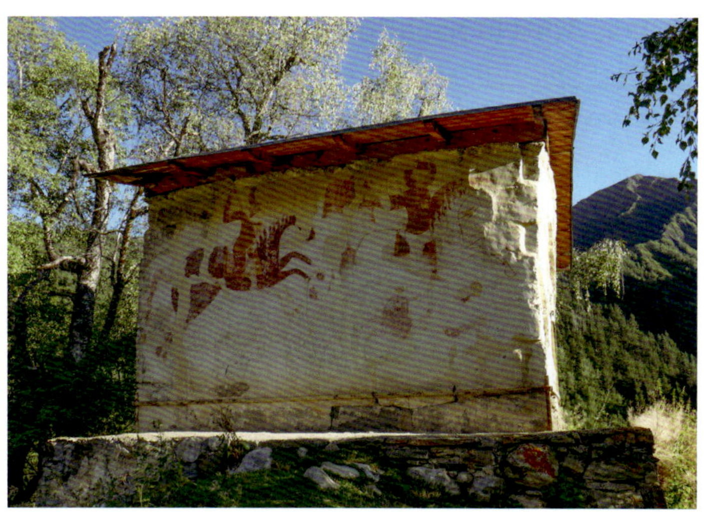

Außenfresko an der Kirche des hl. Georg in Adischi

Dorfes die **Erzengelkirche**. Alle drei Kirchen sind innen ausgemalt und die Georgskirche hat als Besonderheit auch an der Außenfassade gut erhaltene Fresken. Eine weitere Besonderheit der beiden im Ort befindlichen Kirchen ist ihre reiche historische Kirchenausstattung. Die Einwohner von Adischi haben sich bis heute geweigert, viele ihrer alten Ikonen und Altarkreuze ins Museum zu geben, sodass diese noch an Ort und Stelle sind. Eine Ausnahme bilden einige kostbare Ikonen und das berühmte Evangeliar von Adischi aus dem Jahr 897. Die Handschrift stammt aus Schatberdi, einem georgischen Kloster, dessen Ruinen sich in der heutigen Türkei befinden, und wurde über Jahrhunderte in Adischi aufbewahrt. Es wurde zum Schutz vor Plünderung vom georgischen Flachland nach Swanetien gebracht und irgendwie haben dann die Adischier vergessen, es wieder zurückzugeben. Die Handschrift ist das älteste erhaltene illuminierte georgische Manuskript und kann heute im Swanischen Museum in Mestia besichtigt werden.

⑰ Von Adischi nach Iprali (via Tschchutnieri-Pass)

Tour für sportliche Liebhaber von Superpanoramen

Die Tour ist landschaftlich die spektakulärste Wanderung in ganz Swanetien. Wenn Sie die nötige Kondition mitbringen, sollten Sie diese also unbedingt unternehmen, sich vorher aber auch schon etwas eingewandert haben. Der Weg führt über den Lairli-Rücken, der vom Kaukasushauptkamm quer nach Süden verläuft, und bringt Sie aus dem Adischtschala- ins Chaldetschala-Tal. Da es unterwegs nur ein ganz kurzes Stück durch Wald, sonst aber immer über Wiesen und durch Rhododendron geht, haben Sie fast zu jeder Zeit der Wanderung herrliche Ausblicke. Den Höhepunkt bildet aber natürlich der 2.722 m hohe Pass, an dem sich eine richtige Bergparade auftut. Hier sehen Sie die höchsten Gipfel des Kaukasushauptkamms, die aneinandergereiht eine gewaltige Mauer aus Schnee und Eis bilden.

→ Start: kleiner Platz unterhalb der Erlöserkirche in Adischi, GPS N 42°59.870' E 042°54.830'; Ziel: Dorfplatz Iprali, GPS N 42°56.213' E 042°55.452'

⮌ 18,7 km

⧗ 5 Std. 30 Min.

↑ ↓ 897 m/1.064 m

⇧ 1.952-2.828 m

✎ rot-weiße Farbmarkierungen, einige Wegweiser

Am Anfang und Ende der Tour flache Talwanderung, in der Mitte langer, recht steiler Auf- und Abstieg zum bzw. vom Pass. Überwiegend gute Bergpfade, manchmal steinig, zum Schluss ein Stück Fahrweg. Aufgrund der Länge der Tour und des zu überwindenden großen Höhenunterschieds ist eine gute Kondition erforderlich. Trekkingstöcke sind empfehlenswert. Es gibt einige Quellen unterwegs. ✋ 5,5 km vom Start der Tour müssen Sie den Adischtschala, den recht breiten Hauptfluss des Tals durchqueren. Zu Fuß ist das nur am Morgen bei wirklich niedrigem Wasserstand möglich. Je nach Wetter kann das Durchwaten aber auch morgens gefährlich sein (☞ siehe dazu die Tipps für Wanderer im Infoteil unter Sicherheit, Gefahren & Permits. Am sichersten ist es, sich von Einheimischen mit dem Pferd auf die andere Flussseite bringen zu lassen. Meistens, aber nicht immer, warten in der Hauptsaison am Vormittag Adischer mit Pferden an der Übergangsstelle, die Touristen für GEL 20 pro Person übersetzen. Möchten Sie sichergehen, können Sie bereits in Adischi für GEL 50-

100 ein oder zwei Pferde mit Begleiter mieten und dann sogar bis zum Fluss reiten. Fragen Sie dazu einfach bei Ihrer Ankunft die Leute im Dorf oder, wenn Sie dort übernachten, einfach Ihre Wirtsleute.

Knapp 3 km vor Ende der Wanderung befindet sich das Guest House Khalde, das auch ein Café betreibt und swanische Küche anbietet.

Als Rastplätze bieten sich auf der Tour wegen der schönen Aussicht die Passhöhe (km 8) und beim Abstieg vom Pass die Wiese bei einem Bach mit Trinkwasser an (km 10,5).

Die Tour ist für Kinder zu lang und anstrengend.

Die hier beschriebene Tour ist die dritte Etappe der klassischen 4-Tages-Wanderung von Mestia nach Uschguli. Die meisten Wanderer kommen deshalb zu Fuß in Adischi an. Da die Wanderung aber zu den schönsten in ganz Swanetien gehört, wird sie auch gerne als reine Tagestour unternommen. Wenn Sie sich dafür entscheiden, können Sie am Morgen mit dem Taxi nach Adischi fahren.

Zurück zur Ihrem Ausgangsort können Sie von Iprali oder, wenn Sie die Tour etwas abkürzen wollen, schon von Chalde aus fahren. In beiden Orten können Sie in den dortigen Familienhotels nach einem Taxi fragen. In der Hauptsaison warten außerdem oft schon abfahrbereite Taxis auf die ankommenden Wanderer.

Dorf-zu-Dorf-Wanderung; mögliche Tourenkombination: 1, 7, 14, 16, **17**, 18

Ausblick zu Beginn der Wanderung: Der Tetnuldi vom Adischtschala-Tal

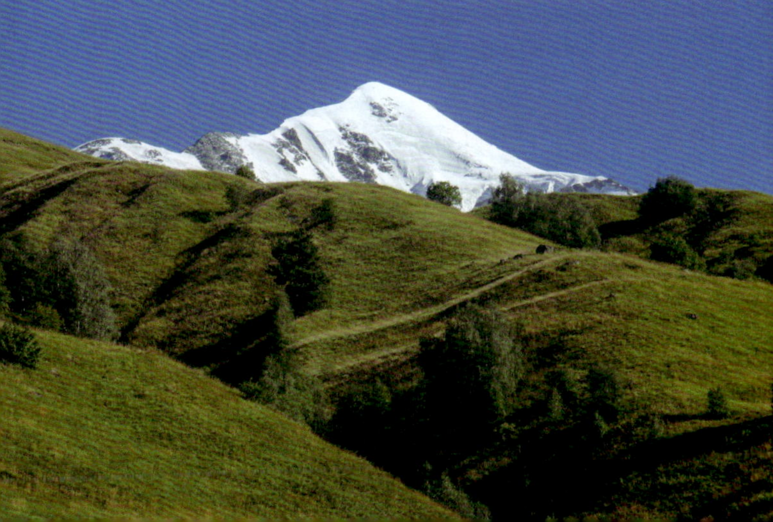

Die Wanderung beginnt am oberen Ortsrand von **Adischi** (für allgemeine Informationen über den Ort ☞ Tour Nr. 16) direkt unterhalb der Erlöserkirche. Von hier gehen Sie nach Osten aus dem Dorf hinaus, passieren unterhalb die kleine ✞ Erzengelkirche und folgen dem Weg flach in das grüne Hochtal des Adischtschala hinein.

Sie queren drei kleine Zuflüsse des Adischtschala auf Holzstegen und kommen nach 3,5 km an die ✞ **Kirche des hl. Georg ❶**, die etwas links oberhalb am Weg steht. Der Standort der Kirche gilt als etwas Besonderes, da hier die einzige Stelle in ganz Swanetien ist, an der vom Tal aus die drei mythischen Berge der Swanen, nämlich Uschba, Tetnuldi und Schchara, gleichzeitig zu sehen sind. Aus diesem Grund gab es hier schon ein vorchristliches Heiligtum und seit dem 11. Jh. steht am selben Platz die kleine Kirche. Bis heute wird jedes Jahr Ende Juli bzw. Anfang August am ersten Donnerstag vor Kwirikoba (☞ Tour Nr. 4, Volksreligion und Kirchen) ein großes religiöses Volksfest, das Litschanischoba, gefeiert. Im Laufe der archaischen Zeremonien, bei denen es viele Anklänge an Sonnen- und Fruchtbarkeitskulte gibt, hissen die Pilger für jeden geborenen Sohn unter Gebeten eine Fahne. Die vielen dazu jedes Jahr beim Fest verwendeten langen Fahnenstangen sieht man beim Vorbeigehen an der Kirche lehnen. Beim Fest messen sich die

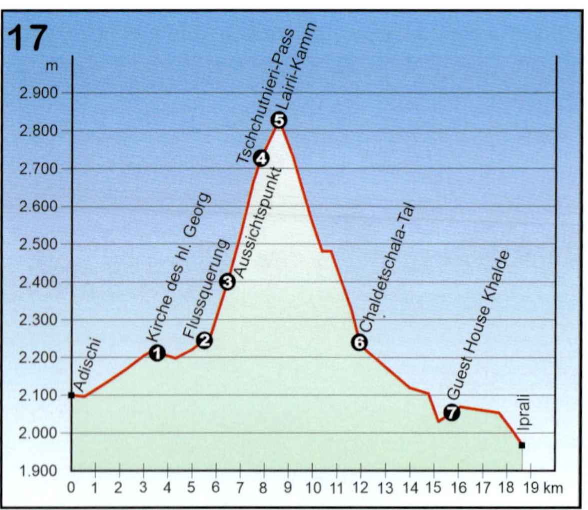

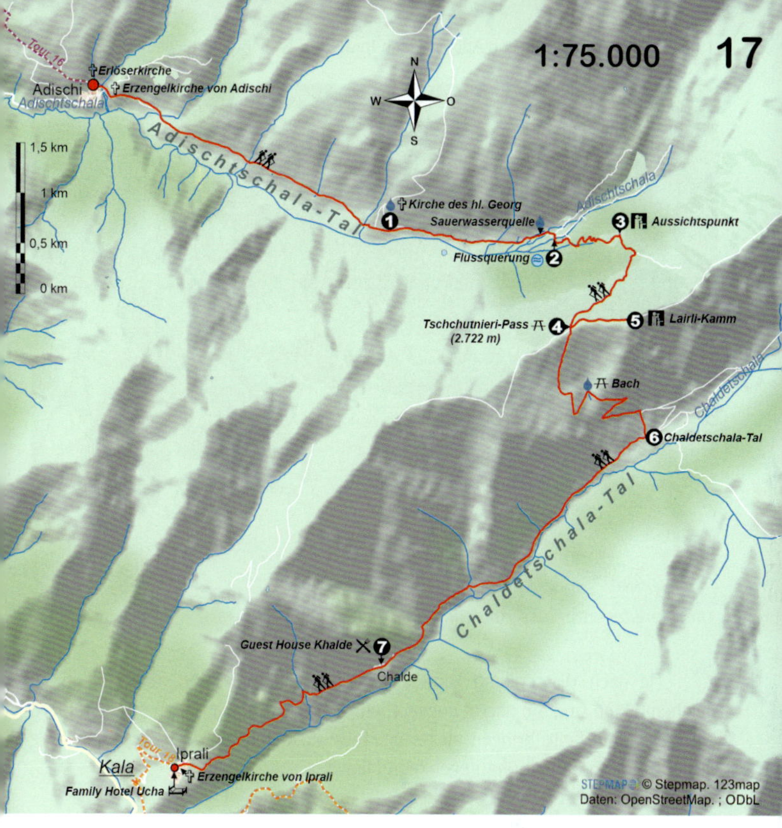

Männer außerdem im rituellen Heben von großen, schweren Steinen, es werden Schafe geweiht, geschlachtet und ihr Fleisch anschließend von der Gemeinschaft verzehrt und es gibt Tanz und Gesang. Direkt an der Kirche gibt es eine Quelle mit Trinkwasser.

Von der Kirche folgen Sie weiter dem Pfad im Tal entlang. Nach 1,5 km führt der Weg in das breite, steinige Ufergebiet des Adischtschala-Flusses. Hier befindet sich eine kleine **Sauerwasserquelle**, die Sie an den ringsherum rot gefärbten Steinen erkennen. Die Quelle selbst ist in einer kleinen, grünen Eisentonne gefasst, deren Öffnung oben mit einem Stein abgedeckt ist.

Nur 200 m weiter oben im Flussbett beginnt der Bereich zur **Flussquerung** ❷. Hier müssen Sie eine flache, breite Stelle zum Durchqueren suchen.

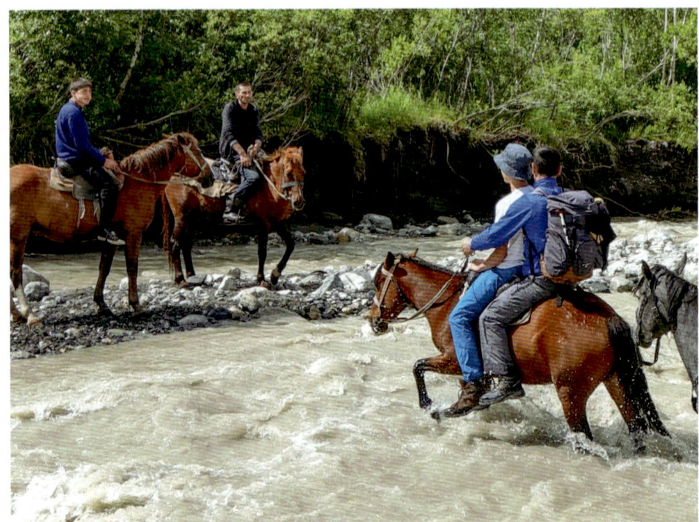

Ufertransfer am Fluss Adischtschala (md)

Je nach Wasserstand kann es aber zu gefährlich sein, das zu Fuß zu machen. Dann sind Sie darauf angewiesen, sich von Einheimischen mit dem Pferd auf die andere Seite bringen zu lassen. Bitte beachten Sie dazu die am Anfang dieser Tourenbeschreibung gegebenen Hinweise.

Auf der anderen Seite überwinden Sie die Uferböschung und steigen in dem halbhohen Laubwald in mehreren kurzen Serpentinen in östlicher Richtung auf. Der Wald lichtet sich bald und Sie gelangen zu einem von den vielen Fotoshootings begeisterter Wanderer völlig ausgetretenen, kleinen Platz. Von diesem **Aussichtspunkt ❸** bietet sich ein fantastischer Blick auf den gewaltigen und zum Greifen nahen Adischi-Gletscher genau gegenüber.

Vom Aussichtspunkt steigt der Weg in einem Bogen weiter nach Südwesten an und führt dann mehr oder weniger geradeaus am von Rhododendron überwachsenen Hang entlang zur Passhöhe. Den **Tschchutnieri-Pass (2.722 m) ❹** erreichen Sie 8 km nach dem Startpunkt der Wanderung. Hier bietet sich bei gutem Wetter eine Rast an, wofür Sie sich am besten etwas oberhalb des Passes einen aussichtsreichen Sitzplatz im Gras suchen.

Um das schon vom Pass aus spektakuläre Panorama noch etwas zu erweitern, können Sie außerdem auf die nahe, nur 650 m östlich vom Pass gelegene **Anhöhe im Lairli-Kamm** ❺ laufen. Hier sehen Sie dann fast schon aus Vogelperspektive auf den Kaukasushauptkamm mit dem Tetnuldi (4.858 m), dem Adischi-Gletscher und dem gewaltigen, auch Besengi-Mauer genannten Bergkamm aus Katin-Tau (4.979 m) und Dshangi (5.059 m) an die sich weiter im Osten noch der von hier aber zum Großteil verdeckte Schchara anschließt.

Vom Aussichtspunkt gehen Sie zurück zum Pass und steigen von dort über die Wiesen nach Süden und dann in mehreren langen Kehren nach Südosten ab. Dabei führt die zweite Kehre durch ein kleines Muldental und dort über einen **Bach**, der nur wenig oberhalb entspringt und dessen Wasser deshalb getrunken werden kann. Wegen des Baches mit Trinkwasser bietet sich der Platz auch für eine Rast an. Beim weiteren Abstieg verläuft der Weg in drei großen Kehren, deren letzte auf ebenfalls gutem Weg abgeschnitten werden kann.

Unten im **Chaldetschala-Tal** ❻ angekommen gehen Sie nach rechts und laufen vorbei an den verfallenden Almhütten auf dem alten Wirtschaftsweg in südwestlicher Richtung ins flache Tal hinaus. Nach 1 km wird das Tal zunehmend enger und der Fluss fließt bald weit unter Ihnen in einer Schlucht. Ihr Weg ist breit und führt mit wenig Gefälle an der Talflanke entlang.

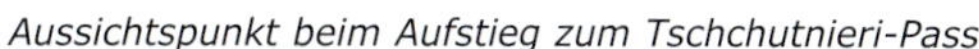

Aussichtspunkt beim Aufstieg zum Tschchutnieri-Pass

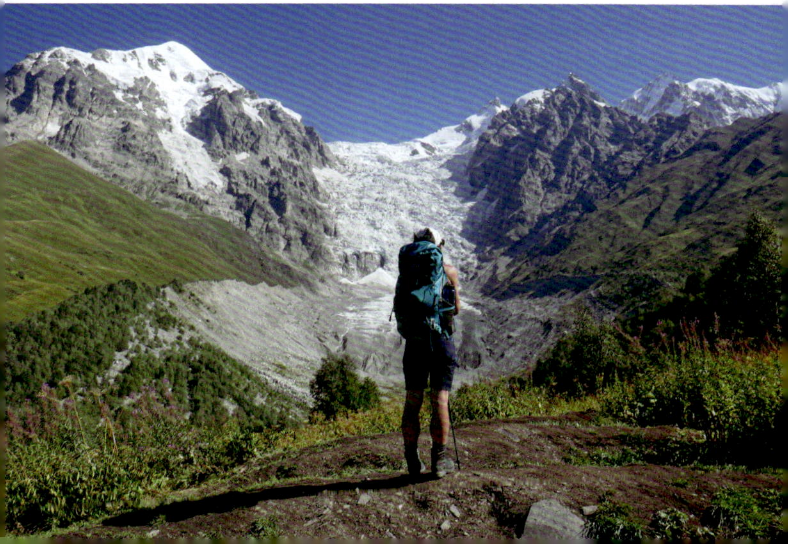

Nach 4 km Wanderung im Tal kommen Sie in den alten Ort Chalde, in dem nur noch eine Familie wohnt. Sie betreibt das ✕ **Guest House Khalde ❼**, zu dem auch ein Café gehört. Vor dem Haus, das direkt am Weg steht, lädt eine Terrasse mit Sonnenschirmen und Blick zurück auf den Dschangi-Gipfel zu einer Erholungspause mit Kaffee, Eis oder Erfrischungsgetränken ein.

✕ Café/Restaurant im Guest House Khalde, Dorf Chalde, ☏ +995/595 40 01 60 (Englisch) und +995/591 34 22 25 (Russisch), ✉ jixvi1992@mail.ru, saisonal, ohne feste Öffnungszeiten

So schön das eine bewohnte Haus ist, so gespenstig ist der Rest des verfallenden Dorfes. Fast fühlt man sich an die dramatischen Ereignisse des Jahres 1876 erinnert. Damals hatte eine militärische Strafexpedition des zaristischen Russlands den Ort dem Erdboden gleichgemacht, um den Aufstand aufmüpfiger Bauern niederzuschlagen. Tatsächlich war der Ort danach aber wieder bewohnt und die jetzige Entvölkerung kam wie in Adischi erst mit dem Katastrophenwinter von 1987.

Von Chalde folgen Sie einfach weiter dem Fahrweg talauswärts und erreichen nach 3 km das Ziel Ihrer Wanderung, das Dorf **Iprali**. Die Wanderung endet an einem kleinen Platz direkt vor dem Family Hotel Ucha. Oberhalb des Platzes steht auf einem kleinen Hügel die berühmte Erzengelkirche von Iprali, deren Fresken zu den herausragendsten Kunstwerken Swanetiens gehören. Wenn Sie die Kirche besichtigen möchten, können Sie den Schlüssel im Family Hotel Ucha erfragen (☏ +995/598 79 02 25 (Englisch), ✉ salomexardziani40@gmail.com). Die Kirche ist die Familienkirche der sechs Schwestern, die das Hotel betreiben und es nach dem Vornamen ihres Vaters „Utscha“ genannt haben.

Iprali იფრალი gehört zur Großgemeinde Kala und ist einer von acht Ortsteilen, von denen mit Ausnahme von Chalde und Iprali selbst alle anderen weiter unten im Tal des Enguri liegen, in den der Chaldetschala einmündet. Im Dorf leben zurzeit ca. 35 Leute. Alle Familien in Iprali betreiben Pensionen für Touristen. Die Hauptsehenswürdigkeit ist die ✝ **Erzengelkirche von Iprali**. Sie ist eine von drei Kirchen in Swanetien, die während der Wende vom 11. zum 12. Jh. von Tewdore, dem berühmten Hofmaler des georgischen Königshauses, ausgemalt wurden. Die Fresken sind für ihr Alter sehr gut erhalten und geben einen lebendigen Eindruck von der Meisterschaft des Künstlers. Die figürlichen Darstellungen Tewdores bestechen durch natürliche Proportionen und ihre Gesichter durch einen emotionalen Ausdruck, wie es in vielen anderen Teilen Europas erst Jahrhunderte später zu finden war.

Eine andere von Tewdore ausgemalten Kirche befindet sich in Blickweite von Iprali. Die berühmte ✞ **Kirche des hl. Kwirike**, die swanisch Lagurka heißt, liegt auf der anderen Seite des Enguri-Tals sehr exponiert auf einer steilen Bergkuppe. Das an dieser Kirche abgehaltene Heiligenfest Kwirikoba ist das bedeutendste religiöse Volksfest der Swanen und zieht jedes Jahr bis zu 1.000 Pilger an (☞ Tour Nr. 4, Volksreligion und Kirchen).

Der Aufstieg zur Kirche des hl. Kwirike beginnt von der Landstraße im Enguri-Tal 150 m östlich der Enguri-Brücke bei der Ortschaft Che und dauert nur 30 Min. Eine Besichtigung kann das Family Hotel Ucha (Kontaktdaten siehe oben) für Sie arrangieren. Wenn Sie zwei Tage oder länger Station in Iprali machen wollen, ist das ein sehr schöner Ausflug.

☺ Die dritte Kirche mit Fresken von Tewdore befindet sich im Dorf Nakipari in der Nachbargemeinde von Zwirmi und kann leicht mit dem Taxi von Mestia aus erreicht werden.

Ikonenkult und die swanische Malschule

Den Ikonen wurden in Swanetien besondere Kräfte zugeschrieben und sie hatten somit zentrale Bedeutung im Leben. Mit ihrer Hilfe wurden Verträge geschlossen, Streitigkeiten geschlichtet, die Wahrheit herausgefunden usw. Der Schwur auf die Ikone stellte die höchste moralische Instanz im Gemeinschafts- und Rechtswesen dar. Dementsprechend entwickelten die Swanen ein sehr großes Interesse an immer neuen Heiligendarstellungen. Die häufigsten Darstellungen auf Ikonen wie Fresken sind Kriegsheilige, allen voran der hl. Georg, der Märtyrer Quiricus und seine Mutter Julitta sowie bei den weiblichen Heiligen als Schutzpatronin der Türme die hl. Barbara.

Da die Swanen wohlhabender als andere kaukasische Bergvölker waren, konnten sie sich teure Materialien und hervorragende Künstler leisten. So wurde Swanetien vom 11. bis 17. Jh. zu einem Zentrum der Fresko- und Ikonenmalerei. Vom Selbstbewusstsein und Stolz der Swanen zeugen auch die Eigenheiten der von ihnen hervorgebrachten Malschule. Obwohl die Ausführung auf den ersten Blick meist etwas grob erscheint, haben die swanischen Heiligendarstellungen sehr emotionale Gesichter mit offen schauenden Augen.

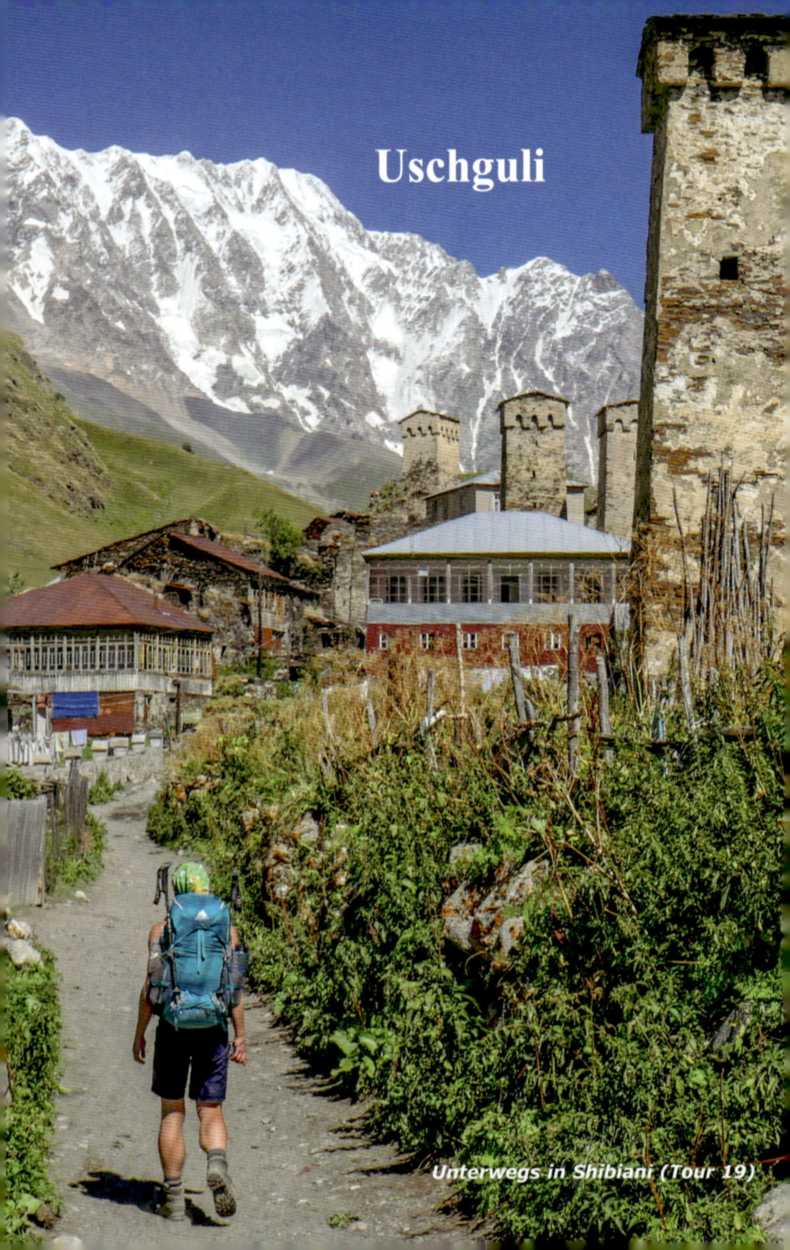

Unterwegs in Shibiani (Tour 19)

18 Von Iprali nach Uschguli

Tour für Standhafte

Die Wanderung ist die letzte Etappe auf der Mehrtagestour von Mestia nach Uschguli. Sie beginnt mit einem Abstieg auf dem Fahrweg von Iprali nach Lalchori. Da dieser erste Abschnitt zwar schöne Ausblicke bietet, aber nicht besonders angenehm zu laufen ist, beenden viele Weitwanderer ihre Tour, wenn Sie unten im Enguri-Tal angekommen sind, und fahren das letzte Stück mit dem Taxi nach Uschguli. Das ist aber ein Fehler, denn kurz darauf beginnt die Tour, erst richtig schön zu werden und Sie wandern auf einem herrlichen Bergpfad. Dabei folgt einem kurzen, etwas anstrengenden Aufstieg vom Dorf Dawberi aus ein flacher, wirklich entspannter und aussichtsreicher Hangweg hoch über der Enguri-Schlucht.

→ Start: Dorfplatz Iprali, GPS N 42°56.213' E 042°55.452';
Ziel: große Enguri-Brücke in Uschguli, GPS N 42°54.915' E 043°00.607'

12,3 km

4 Std.

↑ ↓ 714 m/581 m

⇧ 1.754-2.160 m

vereinzelte Reste einer rot-weißen Wegmarkierung, am Anfang und Ende der Wanderung einige Wegweiser

überwiegend schmale Bergpfade über Wiesen und durch Wald, von Iprali bis Dawberi und ein Stück vor Uschguli auf Fahrweg

Entlang der Landstraße Sch 7 in Lalchori gibt es einige und in Uschguli eine ganze Menge Restaurants und Cafés.

keine besonders geeigneten Rastmöglichkeiten

Kioske entlang der Landstraße Sch 7 in Lalchori

Die Wanderung bietet zwar keine besonderen, für Kinder interessante Attraktionen, ist aber, wenn Sie sie als Tagestour in umgekehrter Richtung und nur bis zum Ort Lalchori gehen, sehr leicht. Da der Weg an manchen Stellen etwas Trittsicherheit erfordert, ist die Tour trotzdem nur für größere Kinder geeignet. Wirklich gefährliche Stellen gibt es aber nicht.

Für die An- und Abreise nach bzw. von Uschguli ☞ Tour Nr. 19. Bei der Anfahrt mit einem Ausflugsbus oder Sammeltaxi von Mestia Richtung Uschguli können Sie sich auch in Lalchori absetzen lassen. Nach Iprali gibt es gar keinen öffentlichen Nahverkehr.

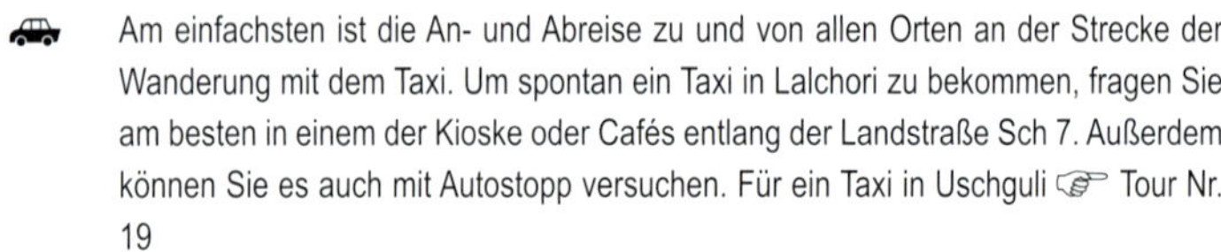

Am einfachsten ist die An- und Abreise zu und von allen Orten an der Strecke der Wanderung mit dem Taxi. Um spontan ein Taxi in Lalchori zu bekommen, fragen Sie am besten in einem der Kioske oder Cafés entlang der Landstraße Sch 7. Außerdem können Sie es auch mit Autostopp versuchen. Für ein Taxi in Uschguli ☞ Tour Nr. 19

☺ Als Tagestour wird die Wanderung gewöhnlich verkürzt und dann nicht in Iprali, sondern auf der Landstraße Sch 7 in Lalchori begonnen. Der Start in Iprali lohnt sich eigentlich nur, wenn Sie vor der Wanderung die dortige für ihre Fresken berühmte Erzengelkirche besichtigen möchten (☞ Tour Nr. 17). Außerdem können Sie als Tageswanderer auch daran denken, die Tour in umgekehrter Richtung, also beginnend in Uschguli, zu gehen, da dann alle steilen Anstiege wegfallen und die Wanderung zu einem regelrechten Spaziergang wird.

↳ Dorf-zu-Dorf-Wanderung; mögliche Tourenkombination: 1, 7, 14, 16, 17, **18**

Das Dorf **Iprali** liegt auf einer Bergterrasse oberhalb des Zusammentreffens von dem Chaldetschala- und dem Enguri-Tal. Vom kleinen Platz zwischen der Erzengelkirche und dem Family Hotel Ucha folgen Sie dem Fahrweg nach Nordwesten und steigen erst in einer langen Kehre und danach steiler in kurzen Serpentinen Richtung Enguri-Tal nach Süden ab. Vom Scheitel der ersten langen Kehre haben Sie, wenn Sie etwas die Wegböschung hochsteigen, einen guten Blick auf die aufgegebene Einzelsiedlung Agrai mit ihrem schönen, dem Verfall trotzenden Turm.

Außerdem überblicken Sie während der ganzen Zeit des Abstiegs das Enguri-Tal nach Westen und sehen auf der anderen Seite des Tals auf einer steilen Bergkuppe die berühmte ✝ **Kirche des hl. Kwirike** (für Infos zur Kirche ☞ Tour 17).

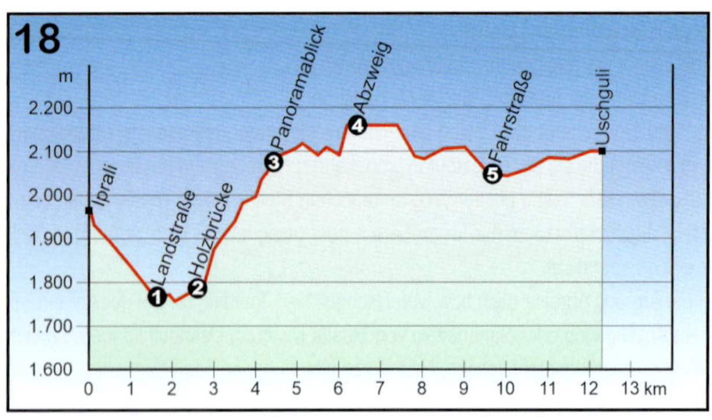

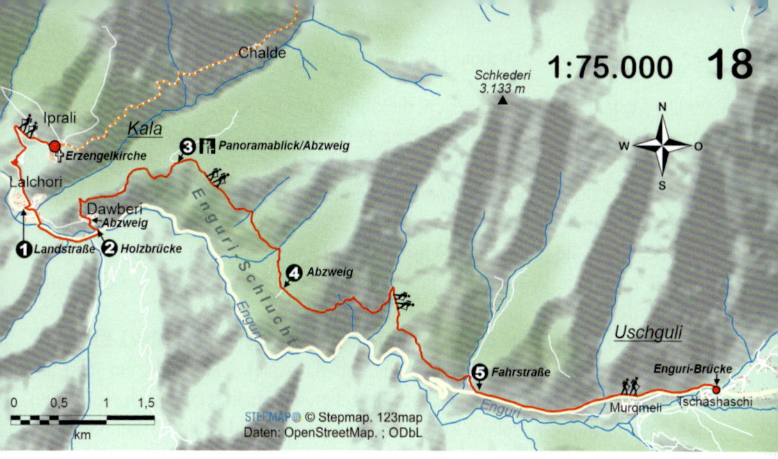

Beim weiteren Abstieg von Iprali ins Enguri-Tal wird der Weg nach der letzten Serpentine flacher und führt geradeaus ins Dorf **Lalchori** ლალხორი. Der Ortsteil ist das Gemeindezentrum der Talschaft Kala. Es gibt mehrere Familienhotels, Kioske und Cafés.

Im Ort erreichen Sie die **Landstraße ➊**, die von Mestia kommend nach Uschguli führt. Sie gehen auf dieser nach links und folgen ihr über zwei Brücken aus dem Ort hinaus Richtung Uschguli.

Bald sehen Sie unweit der Straße links oberhalb des Enguri-Flusses auf einem kleinen Bergplateau das Dorf Dawberi. Sie gehen zu der **Holzbrücke ➋** direkt unterhalb des Dorfes. Dabei können Sie die Landstraße schon etwas eher nach links verlassen und so die letzten 100 m abschneiden. Über die Brücke hinweg folgen Sie dem Weg ins Dorf.

In dem kleinen Dorf **Dawberi** დავბერი leben nur zwei Familien. Das Dorf gehört ebenfalls zur Großgemeinde Kala. Von den ehemals acht Wehrtürmen stehen heute noch zwei. Dabei geht der wuchtige dicke Turm bis auf das 6. Jh. zurück und hatte von alters her auch die Funktion einer Kultstätte und später einer Kirche.

Im Dorf steigen Sie bis zu dem **Abzweig** vor dem bewohnten, großen weißen Haus auf, biegen links ab und folgen dem Weg aus dem Dorf hinaus.

Am Ortsrand klettern Sie über einen kleinen Zauntritt und dann beginnt der kurze anstrengende Teil der Wanderung, ein Aufstieg von 300 Höhenmetern. Dabei gehen Sie zuerst in einem steilen Hohlweg geradeaus hinauf auf die **Kammhöhe** über dem Ort und folgen dann dem Weg nach rechts etwas unterhalb des Kamms weiter nach oben.

Der Weg führt über Heuwiesen, die oben zunehmend von Waldstücken durchzogen werden. In dem ersten größeren Waldstückchen gabelt sich der Weg kurz auf, wobei es egal ist, ob Sie links oder rechts gehen. An der **Weggablung** auf etwas über 2.000 m Höhe nehmen Sie den rechten Weg und kommen nach dem kurzen Waldstück wieder auf eine größere Wiese, über die Sie weiter aufsteigen. Ab jetzt sehen Sie hinter der nächsten Baumreihe die weiße Gipfelpyramide des Tetnuldi und beim Weitergehen tauchen rechts der lange Bergrücken des Katin-Tau und der Dshangi auf.

Dort, wo Sie über die Bäume hinweg den besten **Panoramablick ❸** auf die Schneeberge des Kaukasushauptkamms haben, zweigt scharf links ein Pfad ab, der weiter in das Hochtal hineinführt. Sie gehen aber halb rechts nach Nordosten und dann nach einem kleinen Bogen immer Richtung Südosten. Sie befinden sich an den unteren südlichen Abhängen des Berges Schkederi, die hier im Weiteren die Talflanke der Enguri-Schlucht bilden. Der Weg wird flach und führt mit leichtem Ab und Auf immer am Hang entlang. Das Laufen ist ab jetzt ein Genuss. Sie gehen meist im schattigen Wald und haben, weil es viele lichte Stellen gibt, trotzdem immer wieder schöne Aus- und Tiefblicke. An einer dicken Kiefer gibt es einen **Abzweig ❹**, der rechts ins Tal führt. Sie gehen hier links bergauf.

Kurz danach gibt es auf dem Weg nur noch kleine Gegenanstiege und es geht etwas mehr bergab. Insgesamt wandern Sie 4,5 km an dem Berghang entlang und queren dabei fünf Bäche. Kurz nach dem letzten Bach trifft Ihr Wanderweg auf die unbefestigte **Fahrstraße ❺** des Enguri-Tals.

Dieser Fahrstraße folgen Sie links in das ab hier waldlose Tal hinein und erreichen nach 3 km die zentral zwischen den oberen Ortsteilen von Uschguli gelegene **Enguri-Brücke,** dem Ziel der Wanderung. Dabei können Sie am Anfang auch noch ein Stück auf dem Trampelpfad links oberhalb der Straße gehen. Das Dorf rechts unten an der Straße, das Sie unterwegs passieren, ist Murqmeli und gehört auch schon zu Uschguli.

Die Gemeinde **Uschguli** უშგული besteht aus den vier historischen Ortsteilen Murqmeli, Tschashaschi, Tschwibiani und Shibiani, die hintereinander in einer Höhe von 2.060 bis 2.170 m im Hochtal des Enguri liegen. Damit ist es die höchste ganzjährig bewohnte Siedlung im Kaukasus. Insgesamt leben hier um die 300 Einwohner.

Berühmt ist Uschguli vor allem wegen seiner vielen und teilweise besonders alten Wehrtürme, von denen manche bis auf das 9. Jh. zurückgehen. Architektonisch am interessantesten ist der zentrale Ortsteil Tschashaschi, der besonders

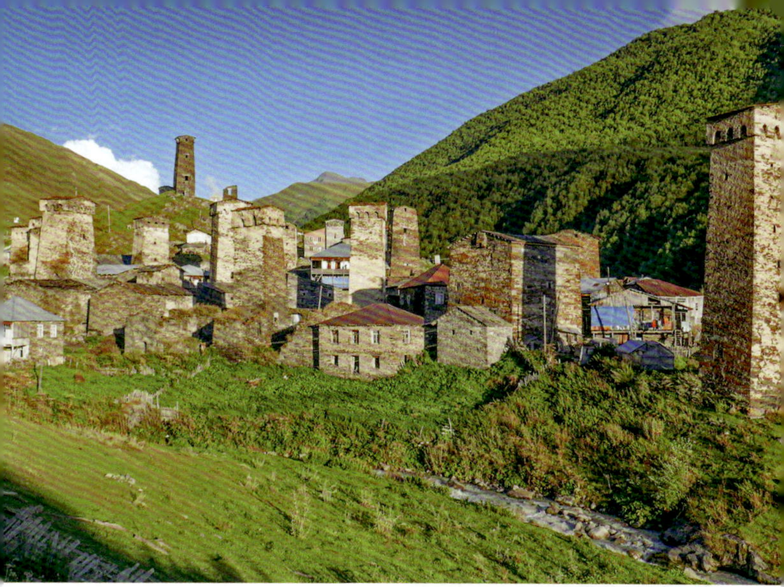

Ankunft in Uschguli

archaisch anmutet und seit 1996 zum UNESCO-Weltkulturerbe gehört. Hier kann man auch noch deutlich sehen, wie ausgeklügelt das Verteidigungssystem der Swanen war, denn außer Wehr- und Wohntürmen gibt es auch noch Wach- und Signaltürme.

Zur an sich schon einzigartigen Szenerie der mittelalterlichen Dörfer von Uschguli kommt noch eine besonders grandiose Bergwelt als Hintergrund. Unmittelbar im Norden erhebt sich als Talschluss die gewaltige Schnee- und Eiswand des Schchara, vor der sich die Wehrtürme als Silhouette abzeichnen. Der Schchara ist mit 5.203 m der höchste Berg Georgiens.

Es wundert einen also nicht, dass Uschguli nach Mestia das beliebteste Reiseziel in Swanetien ist. Entsprechend groß ist auch das Angebot an Unterkünften und es gibt mehrere Cafés und Restaurants.

Die meisten Besucher kommen aber nur als Tagesgäste von Mestia aus nach Uschguli. Deshalb herrscht hier tagsüber oft ziemlicher Touristenrummel, der aber schlagartig endet, wenn am Nachmittag die wartenden Kleinbusse und Jeeps wieder zurück nach Mestia fahren.

Uschguli genügt sich eigentlich selbst als Attraktion und Sie sollten die verschiedenen Ortsteile unbedingt auf einem Spaziergang durchstreifen. Es gibt aber auch noch ein paar herausragende Sehenswürdigkeiten, deren Besichtigung sich unbedingt lohnt:

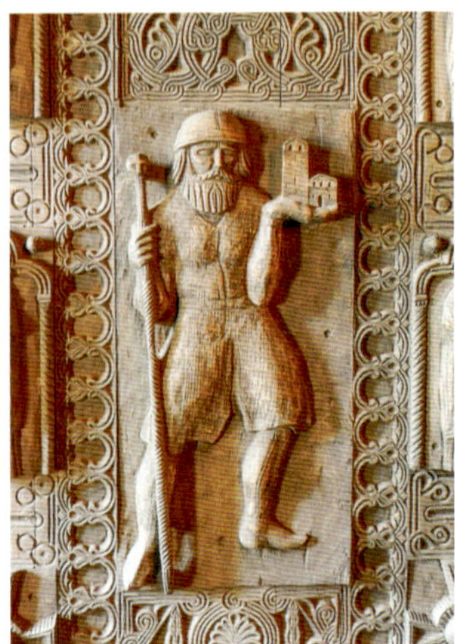

Detail einer Haustür, Ethnografisches Museum in Uschguli

⌘ **Ethnografisches Museum:** Das kleine, privat geführte Museum befindet sich am Hauptweg, der nach Nordosten durch den Ortsteil Shibiani führt. In dem original ausgestatteten Matschubi (☞ Tour Nr. 8, Der Matschubi) eines Wohnhauses aus dem 12. Jh. zeigt Familie Tscharkseliani eine große Sammlung historischer Alltagsgegenstände. Diese hat bereits der umsichtige Urgroßvater überall im Ort zusammengetragen, als in sowjetischer Zeit zur Kollektivierung der Landwirtschaft viele traditionelle Häuser abgerissen und die Steine für den Bau großer Ställe verwendet wurden. ☺ Im Museum können Sie wirklich schöne in Handarbeit hergestellte Holzsouvenirs mit traditionellen Schnitzereien kaufen, wie z. B. kleine Holzschatullen in Form miniaturisierter swanischer Vorratstruhen.

♦ saisonal, ohne feste Öffnungszeiten, Eintritt mit Führung (Englisch) GEL 5

✞ **Lamaria-Kirche:** Die swanisch Lamaria genannte Gottesmutterkirche steht zusammen mit einem Wehrturm und einem Wohnkomplex weithin sichtbar auf einem Hügel am Nordostrand des Ortsteils Shibiani. Doch die von einer Wehrmauer umgebene Kirche aus dem 10. Jh. ist nicht nur aus der Ferne eine Augenweide. Im Innern gibt es Fresken aus dem 10. und 13. Jh., von denen einzelne Darstellungen, wie die des Christus in der Apsis der Kirche, sehr gut erhalten sind. Heute ist das Kloster ein Bischofssitz der Georgischen Kirche. Jeden 28. August wird an der Kirche das Marienfest, georgisch Mariamoba, gefeiert, zu dem Besucher aus ganz Georgien anreisen.

♦ Besichtigung nur auf Anfrage bei den dort lebenden Mönchen, Eintritt gegen Spende

⌘ **Schatzhaus christlicher Relikte:** Die „Schatzkammer" Uschgulis befindet sich im Ortsteil Tschashaschi, liegt nur 100 m Gehweg von der großen Enguri-Brücke entfernt und ist in einem wuchtigen, gedrungenen Wehrturm untergebracht. Kern der Ausstellung sind eine Menge aus Uschgulis acht Kirchen stammende wertvolle Gold- und Silberikonen sowie Altarkreuze. Das Besondere dabei ist, dass sich die Ausstellungsstücke bisher noch in absolutem Originalzustand befinden, und so anders als die restaurierten Stücke im Swanischen Museum in Mestia einen wirklich authentischen Eindruck vermitteln.

♦ Die Öffnungszeiten sind ein bisschen Glückssache! Probieren Sie einfach beim Vorbeigehen, ob jemand da ist. Montags ist ganz geschlossen. Eintritt GEL 3, ☹ in der Ausstellung ist das Fotografieren verboten!

Die Funktion der Wehrtürme

Unverwechselbares Wahrzeichen Swanetiens sind seine Wehrtürme. Dabei ist es kein Zufall, dass es die meisten davon im östlichen Teil Oberswanetiens, dem sog. Freien Swanetien, gibt. Die Türme der Swanen waren reine Verteidigungsanlagen, in denen sich die Familien bei Gefahr verschanzten. Und Gefahren gab es hier eben besonders viele.

Das Gebiet zwischen Betscho und Uschguli war das einzige, das sich während der langen Zeit des Feudalismus dauerhaft seine Freiheit bewahren konnte. Das hatte allerdings auch seinen Preis. Die hier lebenden Swanen mussten ständig mit bewaffneten Überfällen benachbarter swanischer und georgischer Feudalherren rechnen, die das Gebiet erobern wollten.

Die Bauern des Freien Swanetiens lebten über Jahrhunderte in einem egalitären Gemeinwesen, das von Gemeinschaftsversammlungen, Ältestenräten und Mediationsgerichten getragen wurde. Das Leben zeigte aber auch starke anarchistische Züge, sodass zwischen und sogar innerhalb der Dorf- und Sippenbünde immer wieder Streit, Braut- und Viehraub oder im schlimmsten Fall Blutrache dauerhafte Fehden auslösten, die oft erst nach langer Zeit geschlichtet werden konnten. Als Folge mussten die einzelnen Familien ständig verteidigungsbereit sein.

Als wäre das alles noch nicht genug, drohten zudem regelmäßige Raubzüge der im Norden lebenden muslimischen Balkaren. So ist in Swanetien eine in der Welt einmalige Siedlungsform entstanden. Jeder Hof hat als Schutzort mit Späh- und Kampfplattform seinen eigenen Wehrturm.

19 Von Uschguli zum Schchara-Gletscher

Tour für Freunde von Talwanderungen

Es gibt kein zweites Hochtal in Oberswanetien, in dem Sie so viel flach geradeaus wandern können, wie am obersten Lauf des Enguri. Und wem das zu langweilig ist, der kann für den Großteil der Strecke ein Pferd nehmen und nur das letzte Stück bis zum Gletscher zu Fuß gehen.

Dabei ist die Tour der Klassiker unter den Wanderungen von Uschguli aus. Was nicht weiter wundert. Jeder, der Uschguli besucht und Zeit zum Wandern hat, wird geradezu zwangsläufig auf die Idee kommen, dem Enguri-Tal zu seinem Ursprung zu folgen. Dort am Talschluss erhebt sich die gewaltige Eismauer des Schchara, des mit 5.203 m höchsten Berges Georgiens, und kein Landschaftsliebhaber wird sich dem Wunsch entziehen können, sich dem Bergriesen einmal zu nähern.

⇆ Start/Ziel: Große Enguri-Brücke in Uschguli, GPS N 42°54.915' E 043°00.607'

19,4 km

5 Std. 30 Min.

↑↓ 674 m/674 m

⇧ 2.079-2.558 m

nur am Anfang im Dorf, sonst keine Farbmarkierungen, in Gletschernähe Steinmänner, einige Wegweiser

Wanderung in einem baumlosen Hochtal mit herrlichen Ausblicken, bis zum Beginn des Gletscherpfades durchgehend flacher, unbefestigter Fahrweg, dann etwas mehr Steigung und ein kleines Stück steil durch Geröll. Unterwegs gibt es mehrere Bachquerungen auf Trittsteinen.

Kurz vor Anfang des Gletscherpfades gibt es in der Hauptsaison ein improvisiertes Café, an dem Sie unter Sonnenschirmen sitzen und kalte Getränke, Kaffee und Snacks kaufen können (km 7,2 und 12,2). Außerdem hat Uschguli viele Cafés und Restaurants.

Der Aussichtspunkt am Tagesziel der Wanderung wird von einem großen Felsbrocken markiert, der sich als Picknickstelle eignet (km 9,6).

Die Wanderung ist landschaftlich sehr schön, aber für Kinder etwas lang und nicht abwechslungsreich genug. Das können Sie allerdings ändern, indem Sie für den Anweg zum Gletscherpfad Pferde nehmen (☞ Tipp). So fällt ein Großteil des Fußwegs weg und der Ausflug wird interessanter. Das geht natürlich nur mit größeren Kindern, die Spaß am Reiten haben.

Reguläre Marschrutkas verkehren nicht nach Uschguli. Von Mestia nach Uschguli gibt es aber in der Hauptsaison täglich Tagesausflüge mit Minibussen, in denen dann oft noch Plätze frei sind und auch gerne One-Way-Fahrgäste mitgenommen werden. Die Tagesausflüge starten in der Regel ab 10:00 in Mestia. Die Fahrt zwischen Mestia und Uschguli dauert 2 Std. Nach der Ankunft haben die Tagesausflügler 3 Std. Zeit, Uschguli zu besichtigen, sodass die Minibusse ab 15:00 wieder zurück nach Mestia fahren. Ein Platz im Minibus kostet zwischen GEL 25 bis 40. Für eine Mitfahrgelegenheit fragen Sie etwas vor den genannten Abfahrtszeiten an den Abfahrtsstellen, in Mestia am Anfang der Tamar Mepis Kutscha (Königin-Tamar-Straße) und in Uschguli an der großen Enguri-Brücke zwischen den Ortsteilen Tschashaschi und Tschwibiani. Die Anreise mit dem Minibus setzt immer voraus, dass Sie in Uschguli übernachten, wenn Sie die hier beginnenden Wanderungen unternehmen wollen. Für An- und Abreise am selben Tag ist die Aufenthaltszeit sonst zum Wandern zu kurz.

Die meisten Touristen reisen von Mestia aus nach Uschguli an und auch wieder so zurück. Ein Taxi zwischen den beiden Orten kostet in eine Richtung GEL 200. Sammelstelle für Taxis in Mestia ist am Seti-Platz und in Uschguli an der großen Enguri-Brücke. Außer normalen Taxis fahren ab Mestia auch Sammeltaxis nach Uschguli und zurück (☞ Reise-Infos, Verkehrsmittel, Sammeltaxi).

Ein Großteil der Wanderung lässt sich als Reitausflug unternehmen. Dazu können Sie sich Pferde ausleihen und sich auf Wunsch von einem Pferdeführer begleiten lassen. Um Pferde zu bekommen, wenden Sie sich am besten an die Wirtsfamilie in Ihrer Unterkunft in Uschguli oder fragen bei den einheimischen Taxifahrern an der großen Enguri-Brücke. Gewöhnlich reitet man durch das flache Tal bis zum Café, dort werden die Pferde angebunden und das letzte Stück zum Gletscher geht es zu Fuß. Pro Pferd zahlen Sie GEL 60 und ein Pferdeführer kostet auch so viel.

Die Wanderung beginnt an der großen **Enguri-Brücke** in Uschguli (für allgemeine Informationen zum Ort ☞ Tour Nr. 18). Von dort gehen Sie ein paar Meter auf der Landstraße nach Osten, biegen dann sofort links ab und laufen auf dem unbefestigten Dorfweg in den Ortsteil Tschwibiani hinein. Sie folgen dem Weg bergan immer Richtung Nordosten.

An der **Quelle** mit Trinkwasser am Weg beginnt fast unmerklich der nächste Ortsteil Uschgulis mit dem Namen Shibiani. Auch durch dieses Dorf folgen Sie einfach dem Weg in Richtung Nordosten.

Dabei macht der Weg im Dorf eine S-Kurve mit mehreren Abzweigen. Hier folgen Sie den rot-weißen Farbmarkierungen und gelangen so an das private ⌘ **Ethnografische Museum** der Familie Tscharkseliani, das rechts am Weg steht.

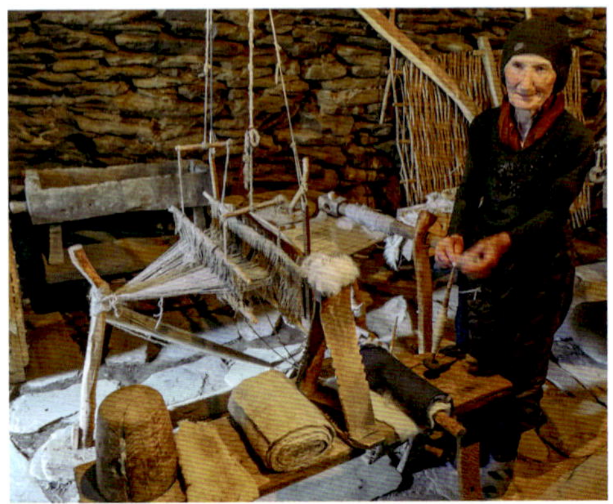

Dshano Tscharkseliani zeigt alte Handwerkstechniken im Ethnografischen Museum

Eine Besichtigung des Museums ist sehr lohnenswert und Sie sollten sich diese unbedingt für den Rückweg der Wanderung vornehmen (für Infos zum Museum ☞ Tour Nr. 18 bei den für Uschguli genannten Sehenswürdigkeiten).

Nach dem Museum geht der Weg wieder geradeaus nach Nordosten und Sie erreichen bald das Dorfende. Hier steht auf einem Hügel die ✝ **Kirche des Hl. Georg**, swanisch Dshgrag genannt. Sie gehen links an der Kirche vorbei und folgen dem Weg weiter nach Nordosten. Einen Abzweig nach rechts ignorieren Sie. Ab jetzt haben Sie bei Ihrer Wanderung immer das Bergmassiv des Schchara vor Augen.

Ca. 600 m nach der Kirche treffen Sie auf den Hauptweg, der von Uschguli ins Enguri-Hochtal führt und vor allem zum Abtransport der Heuernte benutzt

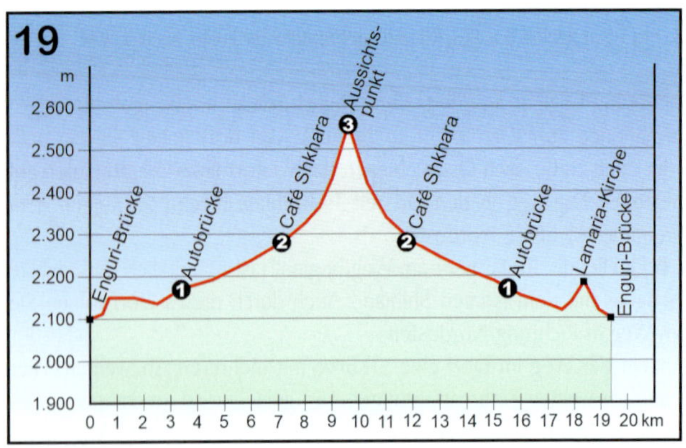

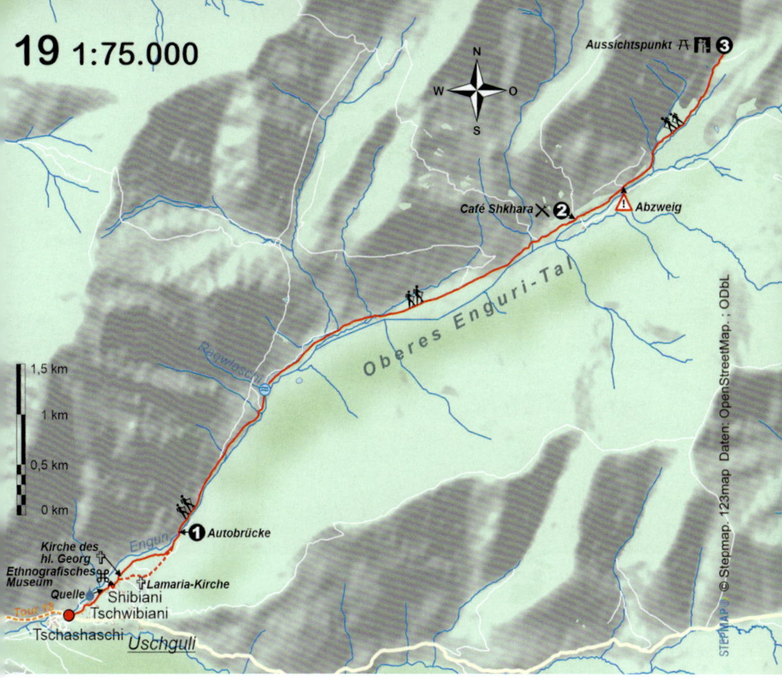

wird, die hier mit kleinen Lkw eingefahren wird. Diesem Fahrweg folgen Sie bergab und gehen auf der kleinen **Autobrücke ❶** über den Enguri, dem Sie danach immer auf dieser Flussseite bis zu seinem Ursprung folgen.

Bis dahin ist es aber noch ein ganzes Stück. Nach der Brücke wird das Tal erst einmal enger, um sich dann umso mehr zu weiten. Nach der Engstelle kommt die erste von mehreren Bachdurchquerungen. Sie führt über den kleinen **Paqwlaschi-Fluss**. Normalerweise queren Sie den Fluss auf Trittsteinen, manchmal legen Einheimische etwas flussaufwärts auch ein Brett in das Flussbett und bei hohem Wasserstand kann es sogar nötig werden, sich die Schuhe auszuziehen und barfuß durch den Fluss zu waten. Der Paqwlaschi ist der größte Zufluss des Enguri, den Sie unterwegs queren müssen, und alle folgenden Bachdurchquerungen sind noch einfacher.

Jetzt laufen Sie fast 4 km ohne merkliche Steigung durch das breite Hochtal des Enguri, sehen dabei links die grünen Bergrücken mit den Heuwiesen der Uschguler und vor sich immer das eis- und schneebedeckte Bergmassiv des Schchara. Im September können Sie die Bauern beim Heumachen beobachten,

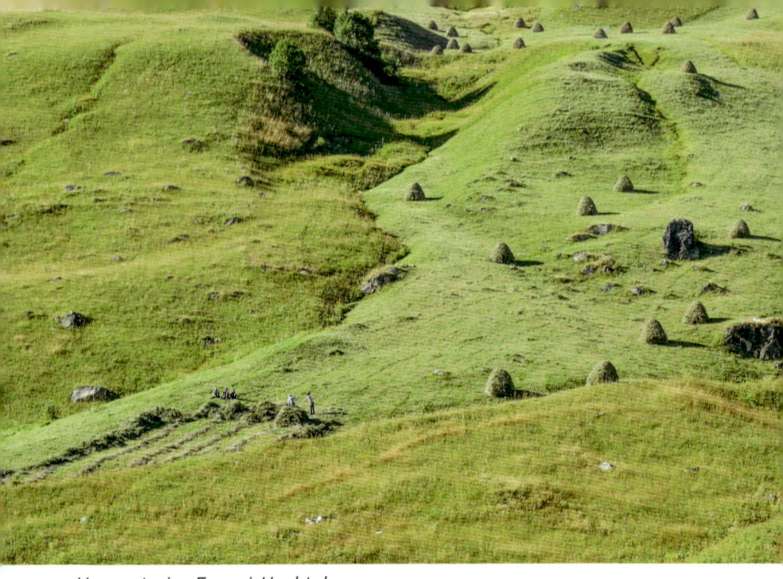

Heuernte im Enguri-Hochtal

die dann bei ihrer Arbeit an den hohen, weiten Wiesenhängen ganz winzig aussehen.

Wenn sich das Tal langsam wieder verengt und links am Weg erste halbhohe Bäume wachsen, kommen Sie zu dem hier in der Hauptsaison geöffneten kleinen **Café Shkhara ❷**.

Café Shkhara, saisonal ohne feste Öffnungszeiten

Haben Sie sich für den Ausflug Pferde genommen, bleiben diese hier stehen und Sie gehen nur das letzte Stück zum Gletscher zu Fuß. Je nachdem wie sportlich ihr Pferdeführer ist, wird er Sie dabei begleiten. Auf dem Rückweg vom Gletscher bietet es sich auf jeden Fall an, hier eine Pause zu machen.

Für das restliche Stück vom Café zum Gletscher folgen Sie weiter dem Fahrweg ins Tal, bis dieser nach links abbiegt und am Berghang hinaufführt. Hier zweigt geradeaus ein schmaler Bergpfad ab. Sie nehmen diesen **Gletscherweg** und gehen weiter am Enguri-Fluss entlang. Der Weg führt dabei teilweise durch halbhohen Laubwald aus Lorbeerweiden und Birken, bevor er in das große Geröllfeld direkt vor dem Gletscher mündet. Ab hier markieren gelegentlich Steinmännchen den dann nicht immer mehr so gut sichtbaren Pfad.

Sie laufen bis nahe an die Eiswand des Gletschers. Hier können Sie Ihre Wanderung beenden oder in steilem Geröll noch nach links oben zu dem **Aussichtspunkt ❸** oberhalb der Eiswand aufsteigen. Am Aussichtspunkt, einem großen Stein auf der westlichen Seitenmoräne, endet der Pfad. Wenn Sie nicht auf dem Rückweg im Café Shkhara einkehren wollen, ist das hier ein guter Picknickplatz.

Zurück nach Uschguli folgen Sie einfach dem Weg, den Sie gekommen sind. Wenn Sie wollen können Sie aber am Ende der Wanderung an der **Weggablung** kurz nach der Autobrücke über den Enguri nicht wie auf dem Hinweg halb rechts, sondern geradeaus gehen. Dann kommen Sie direkt an der **Lamaria-Kirche** vorbei. Die Kirche liegt auf einem Hügel am Nordostrand von Uschguli. Von dort haben Sie einen herrlichen Blick über alle Ortsteile der Talschaft und auf die gegenüberliegenden Bergrücken. Die Lamaria-Kirche gehört zu den Hauptsehenswürdigkeiten von Uschguli (für Infos ☞ Tour Nr. 18). Um von dort wieder zurück auf die Ihnen vom Hinweg bekannte Route zu kommen, gehen Sie von der Kirche nach Nordwesten zuerst über die flache Wiese und steigen dann in selber Richtung den Abhang zur **Kirche des hl. Georg** hinunter. Ab da folgen Sie dem Ihnen bekannten Weg zurück zum Start der Wanderung.

Auf dem Rückweg vom Schchara-Gletscher

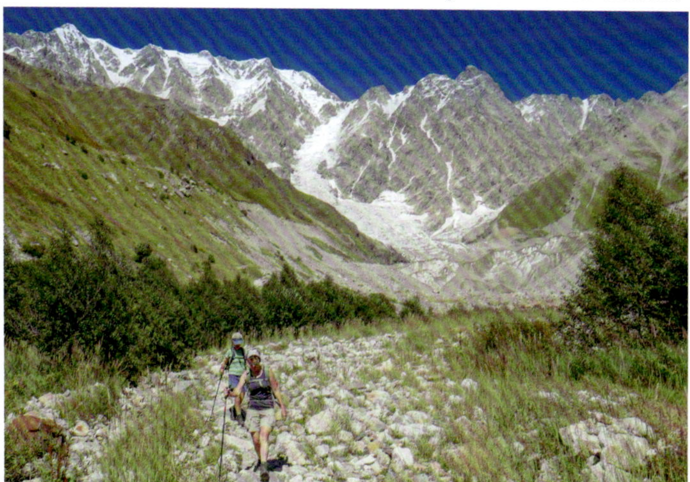

20 Von Uschguli zur Tamar-Burg

Tour für kleine und große Hobbyarchäologen

Die kurze, aber sehr schöne Wanderung führt zu der Burgruine, die auf dem bewaldeten Bergrücken südlich von Uschguli steht und deren beiden Türme Sie im Tal fast von überall aus sehen können. Nach der Legende war die Ruine einst die Sommerresidenz der georgischen Königin Tamar, weshalb ihr Name mit den Burgresten verbunden ist. Der Weg zur Burg ist eine Überraschung, denn er führt um den Burgberg herum und von hinten hinauf. So bekommen Sie Blick in ein verstecktes Seitental des Enguri und anstatt durch Wald steigen Sie über herrliche Wiesen auf. Oben erwartet Sie eine überwältigende Aussicht und wenn Sie Kinder dabeihaben, finden diese mit der Burgruine einen großen mittelalterlichen Abenteuerspielplatz vor.

Start/Ziel: Große Enguri-Brücke in Uschguli, GPS N 42°54.915' E 043°00.607'

4,9 km

2 Std.

347 m/347 m

2.044-2.329 m

anfangs, solange die Route dem Wanderweg Richtung Gurwaschi-Pass folgt, rot-weiße Wegmarkierung, dann keine Markierungen mehr

überwiegend schmaler Wanderpfad durch lichten Wald und über Bergwiesen, beim Auf- und Abstieg steilere Passagen, aber nicht steinig, zum Ende der Wanderung unbefestigter Dorfweg und ein Stück auf Fahrstraße

In Uschguli, dem Anfangs- und Endpunkt der Wanderung, gibt es mehrere Restaurants und Cafés.

Die Hauptattraktion der Wanderung, die Tamar-Burg, bietet sich als idealer Picknickplatz an. Hier können Sie sich einen Sitzplatz auf den alten Mauern suchen und beim Essen den Ausblick genießen (km 2).

Kurze abwechslungsreiche Bergwanderung ohne besondere alpine Gefahren. Vorsicht ist allerdings bei den Ruinen der Tamar-Burg geboten. Ganz sicher macht es Kindern Spaß, hier auf den alten Mauern rumzuklettern, aber das ist natürlich auch ein bisschen gefährlich. Deshalb die Tour am besten nur mit größeren Kindern gehen und gut auf sie aufpassen.

☞ Tour Nr. 19

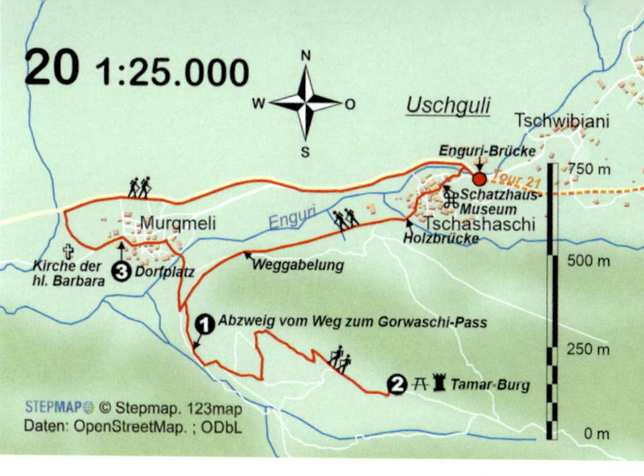

Die Wanderung beginnt an der großen **Enguri-Brücke** in Uschguli (für allgemeine Informationen über den Ort ☞ Tour Nr. 18). Von dort gehen Sie gleich nebenan über die kleine Fußgängerbrücke und folgen auf der anderen Seite dem Weg, der nach oben in den Ortsteil Tschashaschi hineinführt.

Tschashaschi ist der berühmteste Ortsteil Uschgulis und Sie sollten sich bei Ihrem Aufenthalt unbedingt Zeit für einen ausgiebigen Spaziergang hier aufheben.

Jetzt auf Ihrer Wanderung folgen Sie dagegen einfach dem Weg, der nach Südwesten durch Tschashaschi hindurchführt. Dabei ist der erste wuchtige Wehrturm rechts am Weg das ⌘ **Schatzhausmuseum**, in dem einmalige mittelalterliche Kirchenschätze zu sehen sind (für Infos zum Museum ☞ Tour Nr. 18 bei den dort für Uschguli genannten Sehenswürdigkeiten).

Am Dorfrand angekommen überqueren Sie einen Zufluss des Enguri, den Schawzqala-Kwischara, auf einer kleinen **Holzbrücke** und folgen weiter dem Weg nach Südwesten.

An der **Weggablung**, nur 75 m nach der Brücke, gehen Sie auf dem schmalen Pfad weiter geradeaus ins Tal hinein.

Sie laufen auf einer kleinen Terrasse zwischen Waldrand und Enguri-Fluss auf das unterste der Uschguli-Dörfer, Murqmeli, zu. An der **Weggablung kurz vor**

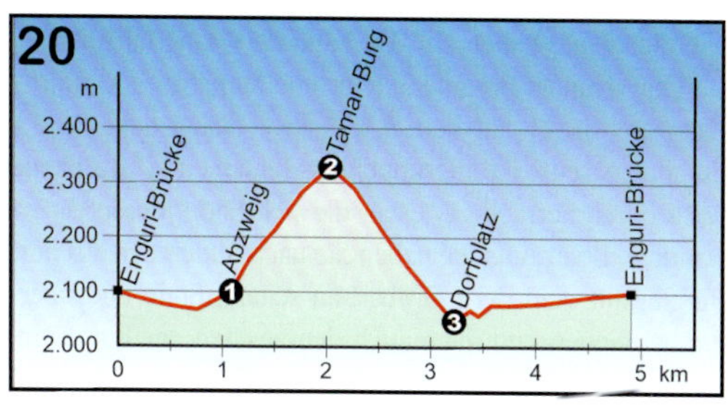

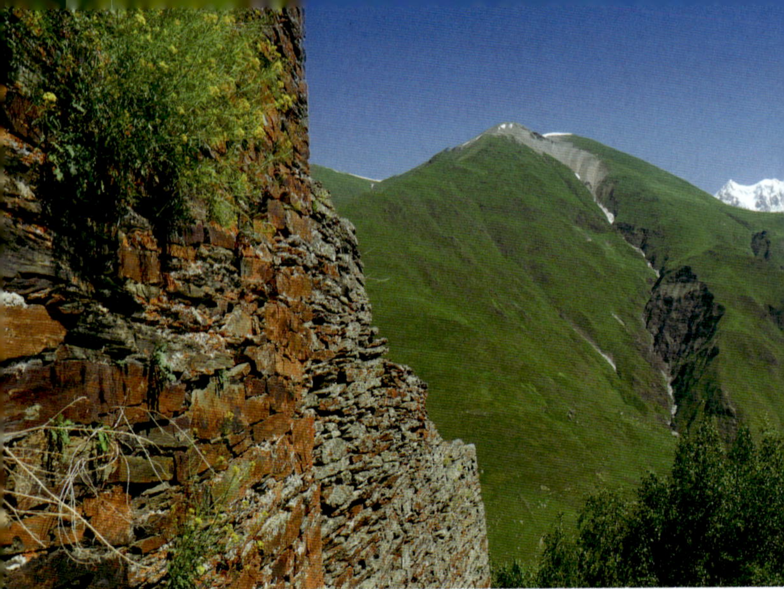

Blick von der Tamar-Burg in die Täler von Enguri und Schawzqala-Kwischara

Murqmeli gehen Sie dann nicht weiter Richtung Dorf, sondern biegen links ab. Der Weg führt zum Rand des halbhohen Laubwaldes und dann in einem Linksbogen in ein Seitental des Enguri hinein. Die Talmündung ist recht schmal und der Weg führt hier bergan auf einer schmalen Lichtung durch ein kleines Stück Birkenwald. Am Anfang des Wäldchens gibt es einen letzten **Abzweig** nach unten Richtung Murqmeli, den Sie dann auf dem Rückweg nehmen. Jetzt gehen Sie bergan und wenn der Wald sich lichtet, kommt eine Weggablung. Während der Weg geradeaus weiter durch das Tal zum Gorwaschi-Pass und über diesen als lange Wanderung nach Niederswanetien führt, nehmen Sie hier den **Abzweig** ❶ nach links und gehen am Waldrand den Hang hinauf.

Der schmale Bergpfad steigt nun stetig an und führt erst in eine Mulde und dann aus dieser auf den Bergrücken. Dabei gehen Sie unten noch ab und zu durch verstreute Baumgruppen aus Birken und Zitterpappeln, oben dann aber nur noch durch herrliche Wiesen, die sich Ende Juni in ein wahres Blumenmeer verwandeln. Beim Aufstieg haben Sie nach Süden einen schönen Blick in das einsame Bergtal mit dem Berg Gwibari an seinem Ende und über Ihnen im Osten sehen Sie bald einen und dann auch den zweiten der Burgtürme über den Bergrücken ragen.

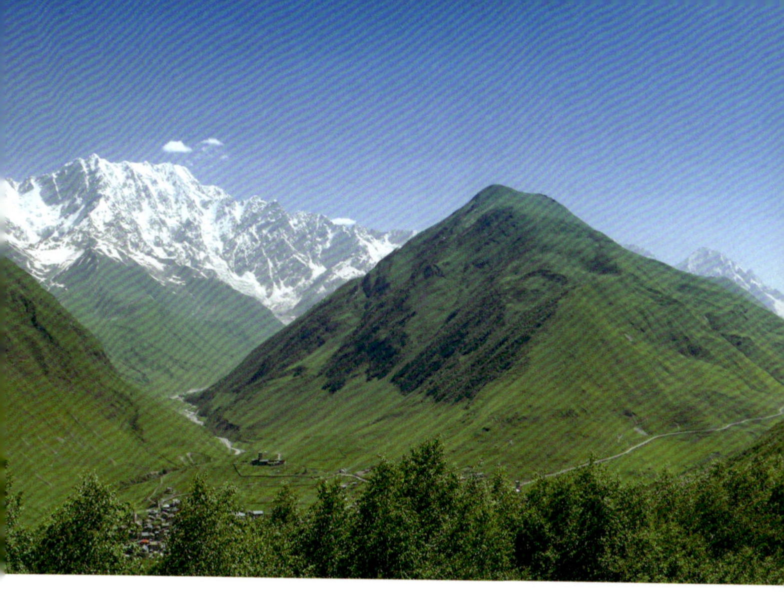

Sie folgen diesem Orientierungspunkt immer auf schmalem Bergpfad durch den Wiesenhang und erreichen so die Hauptattraktion Ihrer Wanderung, die ♜ **Tamar-Burg** ❷. Von der mittelalterlichen Befestigungsanlage stehen heute noch die Einfriedung, zwei Wehrtürme und zwischen diesen etwas unterhalb eine kleine Turmkultstätte. Die beste Aussicht haben Sie vom Fuß des großen, besser erhaltenen Wehrturms. Vor dem Hintergrund der schneebedeckten Berge des Kaukasushauptkamms sehen Sie von hier in die Täler von Enguri und Schawzqala-Kwischara. Zwischen und auf den Mauerresten der Ruinen finden Sie leicht einen schönen ⛩ Picknickplatz.

Königin Tamar

Tamar bestieg 1184 als erste Frau den georgischen Thron und nimmt in der Geschichte Georgiens einen ganz besonderen Platz ein. Ihre Regentschaft bildete die Hochzeit des sog. „Goldenen Zeitalters", in dem das vorher wie nachher ständig feindlichen Übergriffen ausgesetzte Georgien selbst zur stärksten Macht in Vorderasien wurde. Dabei förderte die kluge Königin im Landesinnern die Entwicklung eines für die Zeit ungewöhnlich toleranten und weltoffenen Gemeinwesens und führte das Land damit zu einer enormen wirtschaftlichen und kulturellen Blüte.

So wurde Tamar im Volk eine Symbolfigur für die Einheit, die Stärke und den Wohlstand Georgiens und die Erinnerung an sie in schlechten Zeiten zu einer steten Quelle der Kraft. In der Folge wurden unzählige Legenden mit ihrer Person verbunden. Dafür, dass dies auch in den entlegensten Gegenden Georgiens geschah, ist Uschguli ein schönes Beispiel.

Hier werden gleich die Reste zweier Burganlagen, die sich architektonisch deutlich von den übrigen erhaltenen Wehrbauten unterscheiden, mit dem Namen der Königin Tamar verbunden und ihr als Sommer- und Winterresidenz zugeschrieben. Die Sommerresidenz ist die Tamar-Burg, zu der Sie diese Wanderung geführt hat. Die Reste der vermeintlichen Winterresidenz liegen in Uschguli auf dem Hügel oberhalb des Ortsteils Tschashaschi. Von dieser Burganlage sind nur die Kirche und einer der ursprünglich vier Türme erhalten. Dieser Turm wird bis heute Tamar-Turm genannt. Auch der Dorfname Tschashaschi soll auf die verehrte Königin zurückgehen. Der Legende nach stallte diese hier bei ihren Aufenthalten ihre Pferde ein. Im Namen steckt tatsächlich das swanische Wort *tschash*, was „Pferd" bedeutet. Das Königin Tamar aber wirklich einmal in Uschguli gewesen ist, lässt sich historisch nicht bestätigen.

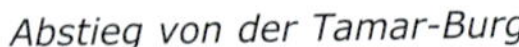

Abstieg von der Tamar-Burg

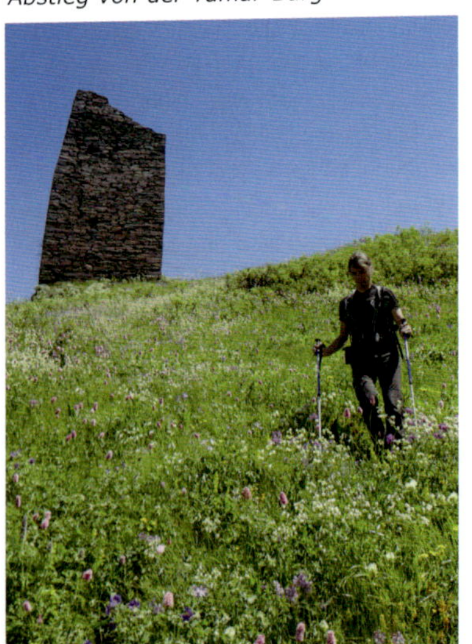

Für den Rückweg von der Tamar-Burg nach Uschguli folgen Sie dem Aufstiegsweg bis zur Talenge und gehen dort wieder auf der engen Lichtung durch den kleinen Birkenwald. 50 m nach dem **Abzweig**, den Sie beim Aufstieg genommen haben, um den Talweg zu verlassen, gibt es eine weitere Weggablung. Der Abzweig rechts ist der Weg, den Sie gekommen sind. Sie nehmen jetzt den **Abzweig nach Murqmeli**, das Sie schon unter sich sehen können, und steigen geradeaus zum Enguri-Fluss hinab.

Unten gehen Sie über die **Enguri-Brücke** und steigen auf der anderen Seite ins Dorf hinauf.

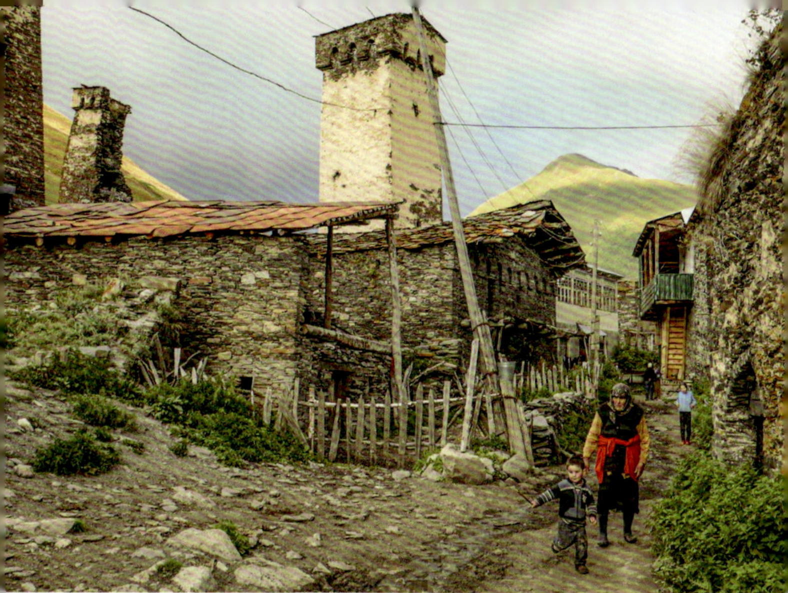

Dorfleben in Murqmeli

Oben auf dem Hauptweg in Murqmeli angekommen gehen Sie links und folgen dem Weg bis zum **Dorfplatz ❸**.

Murqmeli ist das Dorf der Uschguli-Gemeinde, das bisher am wenigsten von Tourismus geprägt ist. Hier lässt sich das Dorfleben also noch besonders ursprünglich erleben. Es gibt aber auch schon einige Familienhotels und somit ist der Ort eine gute Alternative, wenn man in Uschguli übernachten, dabei aber dem großen Touristentrubel der oberen Dörfer entgehen möchte. Leider ist Murqmeli auch das Dorf der Uschguli-Gemeinde mit den meisten verfallenden Häusern und Wehrtürmen. Deshalb bleibt eigentlich nur zu wünschen, dass das Dorf bald mehr am Tourismus teilhat und dann Restaurierungsarbeiten beginnen.

Vom Dorfplatz können Sie entweder nach Norden gehen und so direkt zur oberhalb des Dorfes gelegen Fahrstraße gelangen oder Sie laufen, wie hier vorgeschlagen, noch ein Stück nach Westen, biegen rechts von den gerade weiterführenden Fahrspuren ab und gehen in einem weiten Bogen nach Norden. So laufen Sie noch an der ✝ **Kirche der hl. Barbara** vorbei, die etwas außerhalb des Ortes liegt.

Das letzte Stück der Wanderung laufen Sie auf der Fahrstraße Richtung Osten und kommen so wieder zur großen **Enguri-Brücke**, dem Ausgangspunkt Ihrer Wanderung.

21 Auf den Hausberg von Uschguli

Tour für Gipfelstürmer mit Lust auf Weitblick

Die kurze, aber sportliche Wanderung führt auf einen Berg mit vielen oder vielleicht auch keinem Namen. Fragt man in Uschguli, wie der große, grüne Berg direkt im Osten über der Gemeinde heißt, bekommt man entweder immer eine andere oder gar keine Antwort. Dem Berg macht das nichts. Er ist trotzdem schön und ein wirklich lohnendes Wanderziel. Vom Gipfel, es ist die erste Erhebung in dem langen Lamaliale-Bergkamm, der von hier nach Nordosten zieht, haben Sie einen atemberaubend schönen Rund- und Weitblick. Der Weg auf diesen Paradeaussichtsberg geht straff bergauf und führt durchweg durch alpine Wiesen, die im Frühsommer herrlich blühen. Die Wanderung erfordert trotz ihrer Kürze sehr gute Kondition.

⇆ Start/Ziel: Große Enguri-Brücke in Uschguli, GPS N 42°54.915' E 043°00.607'

7,7 km

3 Std. 30 Min.

↑ ↓ 897 m/897 m

⇧ 2.083-2.973 m

keine Wegmarkierung

ausnahmslos schmaler Pfad über steile Wiesen

In Uschguli, dem Anfangs- und Endpunkt der Wanderung, gibt es mehrere Restaurants und Cafés.

Gipfelrast im Gras und auf Steinen am Tourenziel (km 3,9)

Die Tour ist für Kinder zu sportlich und wenig abwechslungsreich.

☞ Tour Nr. 19

Die Wanderung führt auf den Hausberg von Uschguli, der sich direkt im Nordosten der Talgemeinde erhebt.

Ausgangspunkt ist die **große Enguri-Brücke** zwischen den Ortsteilen Tschashaschi und Tschwibiani. Von hier folgen Sie dem Hauptfahrweg in östlicher Richtung bergauf zum Ortsrand. Rechts an der Straße stehen einige größere neue Hotels. Sie ignorieren alle Abzweige nach links, gehen immer geradeaus bzw. oben halb rechts.

Dabei sehen Sie die Aufstiegsroute zu Ihrem Wanderziel die ganze Zeit vor sich. Zur Orientierung suchen Sie mit den Augen die Wettermessstation. Sie befindet sich oberhalb der letzten einzelnen Häuser, die ganz unten am Berghang stehen. Die Wettermessstation ist ein kleiner, aber auffälliger, weißer Container mit großer Parabolantenne. Darüber können Sie teilweise Spuren des Aufstiegsweges sehen, der von dort im Zickzack auf die Schulter des Bergkamms hinaufführt. Weiter geht es dann nach links direkt auf dem Kamm bis zu dem von hier aus sichtbaren höchsten Punkt.

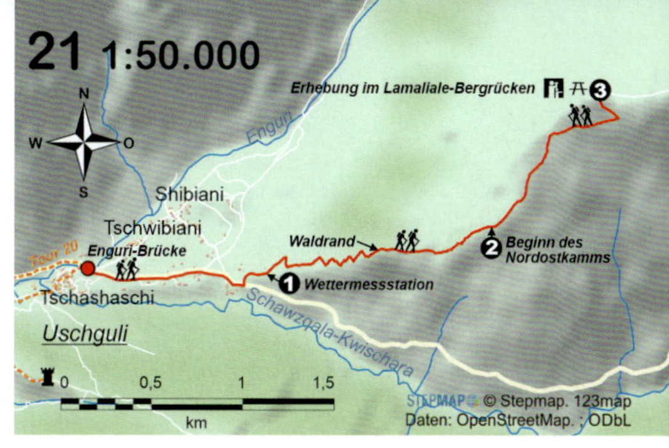

Um zur Wetterstation zu kommen, gehen Sie auf dem Fahrweg bis unter die genannten Häuser am Beginn des Berghangs. Dort folgen Sie ein kleines Stück der Straße halb rechts, die in das Schawzqala-Kwischara-Tal und im Weiteren als Allradpiste über den Sagaro-Pass nach Niederswanetien führt. Rechts am Straßenrand sehen Sie einen neuen, im historischen Stil gebauten Wehrturm. Sie gehen entweder bis zu diesem Turm und dann links oder schneiden den Weg etwas ab, indem Sie links der Straße auf Trampelpfaden zum Gartenzaun aufsteigen. Dann gehen Sie entlang dieses Zauns um das letzte Haus herum, es ist das Familienhotel

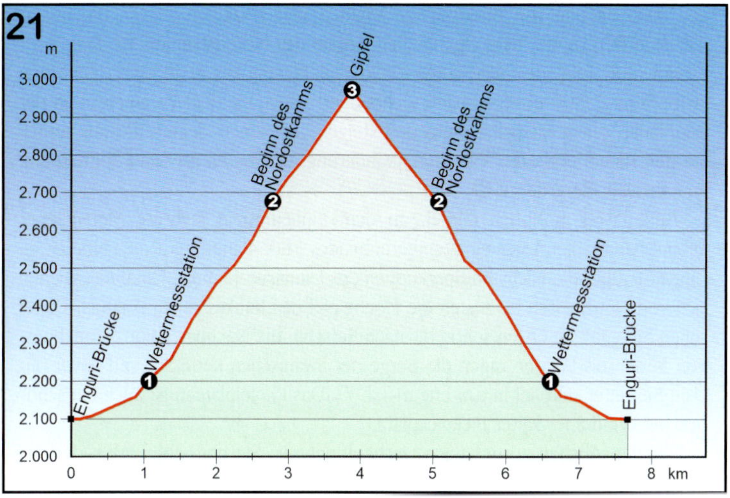

21
m
3.000
2.900
2.800
2.700
2.600
2.500
2.400
2.300
2.200
2.100
2.000
Enguri-Brücke
1 Wettermessstation
2 Beginn des Nordostkamms
3 Gipfel
2 Beginn des Nordostkamms
1 Wettermessstation
Enguri-Brücke
0 1 2 3 4 5 6 7 8 km

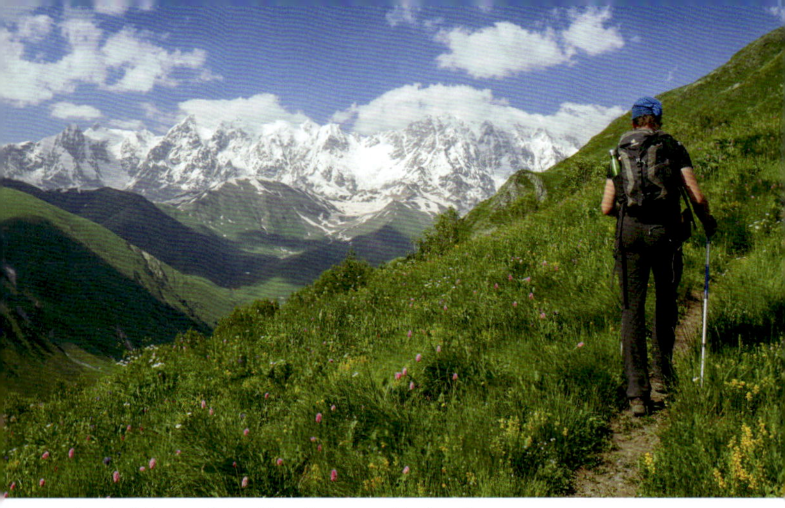

Im Aufstieg auf den Hausberg von Uschguli

Maxvshi, und laufen zur **Wettermessstation ❶**. Jetzt steigen Sie in vielen Kehren immer nach Nordosten über den steilen Wiesenhang bis zu einer kleineren Bergkuppe auf. Hier erreichen Sie den oberen **Rand des Waldes**, der von links heraufzieht.

Sie folgen dem zunächst etwas flacheren Pfad weiter nach Nordosten und steigen dann entlang von Rhododendronmatten und einzelnen letzten Birken zur nächsten Bergkuppe, dem eigentlichen **Beginn des Nordostkamms ❷**, auf.

Von dort folgt der Weg lange direkt dem Kamm, bis er in einer Höhe von knapp über 2.800 m etwas nach rechts quert. Nach ca. 400 Wegmetern an der Bergflanke gehen Sie scharf links und steigen über einen kleinen Erdwall zurück auf den Kamm und zum Ziel Ihrer Wanderung, der ersten großen **Erhebung im Lamaliale-Bergrücken ❸**.

Am 2.970 m hohen Gipfel, an dem Einheimische mehrere Steinmänner gebaut haben, bietet sich ein atemberaubendes 360°-Panorama. Nach Nordosten sehen Sie über die nächsten Bergkuppen des Lamaliale-Kamms. Dahinter erheben sich von Nordwesten bis Osten die Hochgipfel des Kaukasushauptkamms. Dabei sehen Sie ganz im Osten schon bis nach Ratscha, die Nachbarregion Swanetiens. Von Süden bis Westen ragen die Berge der Swanischen Kette auf und davor blicken Sie unter sich tief in das Enguri-Tal. Das Gipfelplateau ist auch ein schöner, bei Wind aber kalter Picknickplatz.

Für den Abstieg zurück nach Uschguli nehmen Sie denselben Weg, den Sie gekommen sind.